コーリングのマネジメント

使命感をもつ人材をどのように活かすか

上野山達哉　著

大阪公立大学出版会

はしがき

　この経営学の研究書を公刊するにあたり、筆者を経営学の世界に導いてくださった故・飯野春樹先生と、経営学者としての基礎を学ばせてくださった金井壽宏先生にまず、心から感謝申し上げたい。本書の内容の一部を発表したおり、コメントやご提案をくださった、加護野忠男先生、上林憲雄先生、高尾義明先生、開本浩矢先生、苅谷寿夫先生、柴田好則先生、ほかのみなさまにお礼申し上げたい。月例の研究会で刺激を与えつづけてくださっている北居明先生、鈴木竜太先生、松本雄一先生に感謝申し上げたい。単著を公刊するよう激励し続けてくださった石井真一先生にお礼申し上げたい。中山雄司先生、辻峰男先生ほか、筆者を職場でいろいろと助けてくださっている同僚の先生方にお礼申し上げたい。

　本書のテーマについては、福島在住時の震災と原発事故から、故郷の復興に邁進する実務家の方々の「強さ」の源は何であるのか、という問いをひとつの出発点としている。福島でご縁のあった実務家のみなさまに感謝申し上げたい。この研究のごく初期にご自身の職業観を語り、エールを送ってくださった川田紀美子先生にお礼申し上げたい。同時期にご専門の立場からご教示くださった富澤克美先生に感謝申し上げたい。筆者のこのテーマへの思いを理解し、卒業研究としてまとめてくれた福島大学経済経営学類上野山ゼミ 11 期生のみなさんに感謝したい。

　本書における経験的分析のためのデータ収集にご協力いただいた事業所と従業員のみなさまに感謝申し上げたい。研修事業の一環として、それに資する研究データの収集と使用をお認めいただいた中村裕美子先生、山本浩二先生ほかチームのみなさまにお礼申し上げたい。

　本書の出版にあたっては、大阪府立大学経済学会に助成いただいた。記して謝意を表したい。本書の公刊を引き受けてくださった大阪公立大学出版会に感謝申し上げたい。

最後に、この仕事に就くまでの支援をしてくれた両親と、これまでも、いまも、これからも筆者にとっての誰よりもの支えである妻と娘に感謝したい。いつもありがとう。

2024 年 2 月

上野山達哉

目　次

第1章

序論

1.1 本書研究の背景と目的

　金井（1991）が経営学における人間モデルとして「意味探索人」を提起してから、30 年以上が経過した。「どんなに忙しくても、あるいは忙しいゆえにこそ、なぜ働くかは、自問に値する問いである。その問いは、究極的にはなぜ生きるか、という問いに限りなく近づく。（中略）自分の仕事に対して、静かに持続する愛が感じられる人は、ハッピーな意味探索人である。」（金井，1991，99 ページ）

　奇しくも 1991 年の日本経済は安定成長期を終え、失われた 20 年といわれる低成長期を迎えた。年功主義にかわる成果主義の導入、雇用の流動化や多様化など、組織による人的資源の管理のあり方もこのあいだに大きく変化した。われわれの仕事や、その連鎖としてのキャリアをめぐる環境の変化はますます大きく、またますます早くなり、将来の見えにくい時代であると実感する。2011 年に発生した東日本大震災は、われわれの仕事や生活全体に大きな影響を与えるできごとが、ある日突然やってくることを強烈に思い知らしめた。

　本研究は、そのような状況のなかで、なぜ働くのか、なぜ生きるのかという意味を求め、それらを見出したひとのマネジメントのあり方を探る試みである。仕事における意味、または仕事への意味づけを示す概念にはさまざまなものがあるが、本研究はキャリア論において近年注目されている「コーリング（calling）」概念に着目する。この概念は欧州中世後期の宗教観という歴史的背景を有しながら、不確実性や曖昧さの高い環境で個人がキャリアを形成していくために有効であると注目されている最新の学術的概念でもある。

　コーリングをめぐる本研究の目的としては、以下の 3 つがあげられる。第 1 に、コーリングについての先行研究を整理することである。第 2 に、コーリングについての実証研究を展開することである。第 3 に、

コーリングの高い人材をどのようにマネジメントすべきかという問題についての含意を導出することである。

1.2　本書の構成

　上記の研究目的を達成するため、本書は以下のように展開する。第2章では、コーリング概念について、その成立母体といえるプロテスタントの仕事倫理とあわせて、欧州の宗教改革期から現代にまで、どのような変遷を見せてきたかを概観する。これはあまりにも大きい問いであるが、歴史学、社会学、心理学にあわせて、経営学に関連する諸著作に選択的にふれながらひとつの流れを描き出すことを試みる。

　第3章では、近年のキャリア論におけるコーリング研究をレビューする。歴史的・宗教的・地域的制約を有する特定概念であったコーリングがどのように一般化されてきたのかにまずふれ、コーリングの定義、概念構造、操作化についての議論を整理する。さらにコーリングについての経験的研究を網羅的に紹介し、コーリングとの関連が検証された先行要因、同時関連要因、後続要因を紹介する。そのうえで、今後の研究が期待される方向性を示す。

　第4章では、本書研究での経験的分析を展開するにあたってのコーリング概念の定義と、解明すべき課題を示す。

　第5章では、サービス企業従業員への調査データをもとに、コーリングが職務態度を経由して職務行動に影響するメカニズムの解明をおこなう。職務態度としては職務満足と情緒的コミットメント、職務行動は組織市民行動をとりあげる。職場や組織の業績との関連が指摘される態度や行動にコーリングがどのように影響するのかを明らかにすることが、この章の目的である。あわせて、雇用区分別の影響過程の比較もおこない、含意の導出を試みる。

　第6章では、自動車販売業における販売職よりのデータをもとに、

コーリングが職場の倫理に資する行動志向と、それとは対照的な行動志向に両義的に影響するメカニズムの解明をおこなう。行動志向としては顧客・販売志向概念をとりあげる。両義的なメカニズムの基礎概念および理論としては、職業威信概念と道徳的自己調整理論にもとづき、仮説を構築し検証する。

　第7章では、訪問看護師を対象とした調査データをもとに、コーリングが仕事への前向きで好ましい姿勢とそれとは対象的な姿勢とに両義的に影響するメカニズムを検証する。態度概念として、ワーク・エンゲイジメントとワーカホリズムをとりあげる。両義的なメカニズムの基礎として、職務要求 - 資源理論と衡平理論にもとづいた仮説を示し検証する。

　第8章では結論として、経験的分析による発見事実の要約を示し、本書研究より導かれる理論的・実践的含意と、限界および今後の課題を示す。

1.3 「コーリング」と「天職」の用法について

　本書では calling を「コーリング」と表記する。コーリングはドイツ語の Beruf に該当する語であり、ウェーバー（1989）の原著にたいし大塚久雄によって「天職」という訳語があてられたことはよく知られている（大塚，1989；三宅，2016）。日本語における「天職」の起源は、近世武士から禅僧に転じた鈴木正三であるといわれ、その概念的文脈には Beruf を提起した欧州のプロテスタンティズムとの共通性も見られる。Beruf あるいは calling と天職との異同については三宅（2016）に簡潔で要を得た議論がある。

　日本のキャリア論におけるコーリング研究の先駆けである柏木(2015)は、天職という語がある特定の職業を連想されることなどを理由に、コーリングという表記をとっている。本研究においても形式的にはこれにならうことにしたい。キャリア研究における学術的概念（第2次構成

概念，Van Maanen, 1979）としてのコーリングは、第 3 章でふれるように、その定義や概念構造における定式化がいまだなされていない。現時点でここに天職という訳語をあてることは、一般的な学術概念としてのコーリングに何らかの限定を与えてしまうリスクがある。

　他方で、経験的分析における質問票での文言としては、天職ということばを使用している。上記の議論とは対照的に、日常概念（第 1 次構成概念）としてはコーリングということばはあまりにも馴染みがなく、天職という語が適切であると判断された。

第2章

プロテスタントの仕事倫理とコーリング概念[*1]

本章ではコーリング概念が、プロテスタントの仕事倫理（protestant work ethic : PWE[*2]）においてどのように位置づけられてきたかという歴史的変遷を概観する。第1に、コーリング概念が成立した当初(マルティン・ルター、ジャン・カルバン、およびピューリタン）におけるコーリング概念についての、マックス・ウェーバーによる議論を整理する。第2に、PWE と初期のマネジメント論および経営者倫理に PWE がどのようにかかわっており、コーリングがどのように再定義されたのかを整理する。第3に、20世紀後半の社会学および心理学における PWE の展開とコーリング概念とのかかわりとを簡潔に示す。第4に、近年のキャリア論におけるコーリング研究の契機となった研究を紹介する。むすびにかえて、上記諸段階における PWE 概念およびコーリングの諸特徴を整理する。

2.1　ウェーバーからテイラーへ

2.1.1　ウェーバー命題とコーリング概念

　初期の資本主義の発展を社会で共有された倫理観（エートス）の視点から説明するものとして、ウェーバー（1989）の示した命題が知られている。それは、非常に単純化すると、初期の資本蓄積を PWE が倫理的に正当化あるいは合理化した、というものである。のちの職業心理学の立場からみると、コーリングは PWE を構成する一概念であり、その原理は PWE の他の諸側面としての予定説の原理、厳しい禁欲、さらにはひとの原罪や汚れの浄化と救済としての聖化（sacrification）を導くものであるとされている（Furnham, 1984）。

　ここでは、ウェーバー（1989）の本来の議論にふれつつ、PWE との関連におけるコーリング概念の特徴を以下の3点に整理したい。第1に、召命としてのコーリング、予定された救済の実現のためのコーリング、という側面である。職業を意味するドイツ語の Beruf あるいは英語

の calling ということばには、マルティン・ルターにはじまる宗教改革以降、それが神より導かれるものであり、神から与えられた使命であるという意味あいが含まれている。さらにジャン・カルバンの一派は、神に救済される人間とそうでない人間は神によってあらかじめ定められている（予定説）とした。これらによって、神に与えられた使命としての職業に生涯をつうじて専心する世俗内的禁欲が、神による救済を証明することにほかならないという考え方が導かれた。

　第 2 に、隣人愛の実践および公共の福祉への貢献としてのコーリング、という側面である。ルターによれば、世俗内のあらゆる職業が、社会にとって必要なものとして神に与えられたコーリングなのであるから、その実践こそが隣人愛の外的な現れなのである。さらにカルバン派においては、社会の秩序を構成し、実益に資する職業労働こそが神の栄光を増し、聖意にかなうという考え方が、倫理観のひとつの核となった。

　第 3 に、個人の福祉としての、結果として個人に富をもたらすコーリング、という側面である。予定説によって、ひとは永遠の昔から定められた運命に向かって、神以外のなにものにも救済されえない道を歩まざるをえなくなった。ウェーバーによれば、このような教説は個々人にかつてない内面的孤独化の感情をもたらした。それによって、結局、神はみずから助ける者を助けるという命題が生まれた。自分は救われているかどうか、教団や教派といった組織的な側面もあるにせよ、最終的には自分自身で審査するしかない。職業にいかに励んだかは、それによってどれだけの富を得たかに、結果として現れる。その意味で、カルバン派の信徒は自分で自分の救いを、職業労働をつうじて作り出すという考え方につながったとウェーバーは指摘している。

　コーリングの概念の位置づけは、プロテスタントの歴史のなかで変化していったが、そのような変化を認めるにあたり、これらの 3 つの側面が不可分的に重視されていたことが、ウェーバーの議論からうかがえる。たとえばルターは、ひとと職業とのむすびつきは神が与えたもので

9

あるから、ひとは生涯その職業や身分にとどまるべきであり、その枠を
こえた努力は許されるものではない、とした。これにたいし、カルバン
派の流れをくむ 17 世紀英国のピューリタン（清教徒）の中では以下の
ようにコーリングの位置づけが展開したとウェーバーは述べている。

　いくつもの職業を兼ね営んでよいかという問いには、－それが公共の
　福祉ないし自分自身の福祉に役立ち、他の誰をも害せず、兼営する職
　業のどれにも不誠実にならないかぎり、無条件に肯定的な答えがあた
　えられた。そればかりでなく、職業の変更さえもそれ自身排斥すべき
　ものとは考えられていなかった。ただ、それは軽率ではなしに、神に
　いっそうよろこばれるような天職を、つまり一般的な原則からすれ
　ば、いっそう有益な職業をえらぶものでなければならなかった。その
　ばあい、何よりも重要なのは、職業の有益さの程度を、つまり神によ
　ろこばれる程度を決定するものが、もちろん第一には道徳的規準、つ
　ぎには、生産する財の「全体」に対する重要という規準で、すぐに、
　第三の観点として私経済的「収益性」がつづき、しかも、実践的には
　これがいちばん重要なものだった、ということなのだ。（ウェーバー，
　1989，邦訳書，309-310 ページ）

　上記のように、ピューリタンにおいては、兼業・兼職や転業・転職が
許容された。そしてそれらの可否は、ウェーバーが PWE の帰結として
示す、個々人の富の追求に資するかという規準に照らして判断された。
しかしながらそれらは、ひとの財を奪うような悪徳な仕事であってはな
らないのは当然であったし、また臨時の労働を軽率に転々としていくも
のであってもならなかった。道徳的に認められた、規律ある労働にもと
づく職業で、公共の福祉に貢献し、それらの規準に照らして総合的に、
神による救済の確かさをより高めるものでなければならなかった。その
意味で、PWE におけるコーリングの 3 つの側面は、そのいずれもが突

出することなく、バランスを維持しながら、時代や地域の要請にあわせて、コーリングの位置づけを変化させていったといえるだろう。

2.1.2　テイラーの「精神革命」とPWE

　経営学史家ダニエル・レンもPWEを検討し、それによって「働く喜びが動機づけの責任を個人に与え、そして彼らの自己決定でき、自己統制できる生活が彼らに内的な推進力を与え」（Wren, 1994，邦訳書，27ページ）、「新しい個人主義の時代が生まれた」（同，28ページ）ことに注目している。さらに、マネジメントの科学においてPWEとの関連がみられる理論的・実践的貢献として、ほかならぬフレドリック・テイラーの科学的管理法をあげている。先述したPWEにかかわるコーリングの3側面と対応させて考えると、召命や予定説といった宗教的な要因はさておいても、マネジメントの要諦として、組織全体の利益に資する個人の利益追求が、個人の意思と努力にもとづきなされるようにすることをテイラーが重視していた点を、レンは指摘している。

　テイラーは従業員にたいするインセンティブのあり方について、一般に知られる、時間研究をつうじた観察と分析にもとづくものあること、差別的出来高払いとすることとともに、職位ではなくひと（の努力）にたいして支払うこと、の3点を提示した。レンはこのうち、第3の点の目的が「仕事の種類ではなく努力に対して支払うことによって労働者を個別化すること」（Wren, 1994，邦訳書，125ページ）にあり、その基礎としてテイラーに「人びとはプロテスタントの倫理によって自ら向上するように鼓舞されるべきであり、ひとまとめにされて他の人と同じように扱われるべきではなかった」（同，125ページ）という考え方があったとしている。

　テイラーは科学的管理法の根本を、4つの原理からなる考え方であるとした。それらは「一、真の科学を発達せしめること。二、工員の科学的選択とその科学的教育及び発達。三、労使間の友誼的協調、管理者と

工具とはほぼ均等の職責を分担すること。四、管理者と工具とはほぼ均等の職責を分担すること」（Taylor, 1903, 邦訳書, 325 ページ）である。テイラーは、科学的管理法の導入にあたっては、このような考え方が従業員に受け入れられることがまず必要で、そのためには管理する側はもちろん、従業員の側も意識を変えるような「精神革命」が必要であるとした。テイラーはそれを、管理する側と従業員の側双方が「戦いにかえるに平和をもってすること、争いにかえて、兄弟のような心からの協働をもってすること、反対の方向に引っぱらずに、同じ方向に引っぱること、疑いの目をもって監視する代わりに、相互に信頼し合うこと、敵にならずに友達になること」（同, 354 ページ）と表現している。そのような精神のあるところに科学的管理法が導入されてこそ、従業員の利益、管理する側の利益、組織全体の利益が最大化されるとテイラーは説いたのである。

ウェーバー（1989）の議論では、プロテスタントによるコーリングの意味あいは、企業家にとってと労働者にとってとでは、明確に異なっていた。それは労働者にたいしては、「生活上ほかに好機をあたえられぬ人々の、低賃銀にもめげない忠実な労働を神は深く悦び給う」（ウェーバー, 1989, 邦訳書, 359 ページ）というプロテスタント以前のキリスト教の考え方に、そのような労働こそが労働者にとってのコーリングであり、唯一の救いの道である、という意味を与えたのみであった。企業家と労働者との立場の不平等は神の摂理によるものとされ、企業家による労働者からの搾取もまたそのコーリングの一部として容認された、というのがウェーバーの見解である。

テイラーの精神革命はこのような価値観から大きく飛躍し、管理する側と働く側との活動倫理を一致させようとするものとして位置づけられる。科学的管理手法の導入について、テイラーが従業員へのインセンティブの個別化になぜこだわったのか。それは従業員のもうひとつの組織化、すなわち労働組合が科学的管理法導入への障壁となったからにほ

かならなかった。かれの理想にとって労働組合は不要であり、従業員を完全に個別化することができれば、管理する側とされる側の思いが、精神革命としてひとつのかたちに統合されるとテイラーは考えていた。しかしながら労働組合組織、また経営者側と組合側との対立は依然として存在したし、このような直接的な統合は困難であった。

2.2　コーリングの再定義と管理者の職能の誕生

2.2.1　経営プロフェッショナリズムのエートスと労働者のコーリング概念

　富澤（2011）は大塚史学にもとづく労使関係史の立場から、対立する 2 者の価値観がひとつの新しい精神を形成するまでに、経営者のエートスについてのもう一段の成熟があったとし、それをそなえた経営者観・管理者観を「経営プロフェッショナリズム」として理念型化している。それは 1910 年代、テイラーの模索した科学的管理法が後継の実務家や研究者を担い手として実践されていくなかで、社会への奉仕としての「サービス動機」を兼ね備えていった経営理念である。

　　経営プロフェッショナリズムは社会との関係を重視し、一種の公器としての機能を企業に要求する、換言すればアドミニストレーターは営利衝動を抑止し、生産的動機（サービス動機）を優先しなければならないとの立場である。これが科学的管理法と並ぶ、経営プロフェッショナリズムの根本原則であった。あるいはまた、経営プロフェッショナリズムとは科学的管理法とサービス動機の二つを基本原則とする経営理念である、と言い換えることもできる。（富澤, 2011, 191 ページ）

　1920 年代には、経営プロフェッショナリズムは、経営者たちがみず

から尊敬に値する存在であろうと注力するなかで、利益や資産の規模の追求ではなしに、企業倫理や企業責任の感覚を身につけることを志向するというかたちで展開した。そして富澤は、経営プロフェッショナリズムのそのような展開の底流にPWEを見出している。

　1920年代において、社会的サービスこそ経営的成功のためには不可欠であることが「発見」されたというのである。だが、これはベンジャミン・フランクリンの「精神」でもあったことを、我々は知っている。「隣人愛の実践」が20世紀に「社会的サービス」と翻訳されて復活を遂げたのである。(富澤，2011，203ページ)

　経営プロフェッショナリズムは労働組合との協調を志向していくなかで、労働者の仕事そのものを心理的満足の実感ができるものに変革しようとした。当時は、経済の活性化に資する労働者の消費力を高めるための高賃金と労働時間の短縮、という動きも強く存在した。それはともすれば、生活の楽しみは消費や余暇にこそあり、労働はそのための必要悪でしかないという考え方に転化する危険性を有していた。しかしながら経営プロフェッショナリズムは、「労働と余暇を統合化した職業生活全体から問題を見渡す必要があるとの立場」(富澤，2011，245ページ)から、労働組合側にたいしても仕事観・職業観の再定義をうながしていくことになった。この文脈で富澤は、アメリカ労働総同盟(American Federation of Labor: AFL)の議長ウィリアム・グリーンによる労働者教育についての論説を引用した。ここでは職業を意味する語としてcallingがもちいられている。

　(労働者の生活を高めるために)グリーンは、「仕事の文化」こそ重要であること、また「職業callingを人間的成長と社会的サービスのための能力を高める手段とする」ことができさえすれば、労働者の生活

を再統合することは可能であり、「余暇を文化的に利用する可能性は
より大きくなる」と主張しているのである。（富澤, 2011, 247 ページ）

　富澤の分析にもとづけば、ここで、経営プロフェッショナリズムの基
礎とする企業責任や企業倫理の感覚と、労働者の生活文化全体を高める
ためのコーリングの意味あいが、目的としての隣人愛（公共の利益）と、
結果としての個人の充足や利益という、PWE の 2 つの構成要素のレベ
ルで通底したといえるだろう。テイラーが精神革命として統合しようと
した、労使の PWE の断絶がようやく解消に向けて大きな進展を見せた
ことになる。経営のエートスの成熟と同時に、理論としての経営管理に
おける一層の展開がもたらされることになった。それはひとことで言え
ば、職能（機能）としての管理（者）論の誕生と展開であると位置づけ
られる。以下では管理（者）職能論がいかなるものであるか、メアリー・
パーカー・フォレットとチェスター・バーナードの議論をもとに概観す
ることにしたい。

2.2.2　フォレットの管理者職能論
　フォレットは、富澤が経営プロフェッショナリズムの代表的論者のひ
とりとして位置づけるように、経営者や管理者がひとつの専門的職業と
して成立するためには何が必要であるのかという議論を出発点としてい
る。フォレットはそれを、端的に「科学の基礎とサービスの動機」
（Metcalfe and Urwick, 1941, 邦訳書, 185 ページ）であるとする。す
なわち、経営者・管理者を含めた専門的職業は体系化された知識として
の科学を、自分自身のためだけではなくむしろ他者のためのサービスに
用いるものであるとする。奉仕（サービス）は間違いなく人間の愛他主
義を示すものであるが、その考え方に福音伝道的な価値ではなく現実的
な価値を与えるために、フォレットは職能（機能）という概念を提示し
た。

企業経営者は彼の仕事は社会の必要な機能の一つであると考え、また他の人々も必要な機能を行なっていて、全体がまとめって健全で健康な有用な社会を作っていると認識すべきである。「機能」が最も適した言葉である。というのは、その言葉にはわれわれがわれわれの社会に奉仕を行なう責任をもっているのみならず、部分的に奉仕の対象になる社会の存在に対しても責任をもっている意味を含んでいるからである。(Metcalfe and Urwick, 1941, 邦訳書, 187-188 ページ)

　フォレットは、専門的職業がたんなる奉仕にとどまらない構成要素として、「確かに仕事を愛する」(Metcalfe and Urwick, 1941, 邦訳書, 189 ページ)こと、および「よくできた仕事に対する満足感」(同, 189 ページ)があるとした。前項で議論した PWE との関連でみると、管理者の職能というばあい、隣人愛の実践と個人的充足という PWE の要素が含まれると同時に、専門的職業あるいは組織体、企業体が社会のなかでその一部としてなにを担っているのか、という考察が可能になるということをフォレットは示唆している。

　フォレットは、企業経営をもっと科学的にするためには、科学的管理の手法にくわえて「人間関係をともなう経営問題に科学的方法を適用」(Metcalfe and Urwick, 1941, 邦訳書, 176 ページ)することが必要であり、そのため「テイラー制度で作業員の仕事を分析したとほぼ同じように、管理者の仕事の分析をすること」(同, 176 ページ)が求められるとした。さらにそれらをもとに「経営の基礎をなす知識の集合を整理・組織する」(同, 176 ページ)という一連のプロセスを経ることで、企業経営という専門職が社会の大きな機能のひとつを果たし、創造的な役割を担うことできると、フォレットは主張した。

　フォレットが論じたマネジメントの体系的知識として、当時の心理学を基礎とした建設的対立と統合の概念があげられる。これはまさに、現代の葛藤管理(コンフリクト・マネジメント)を先取りするものである。

「われわれは、対立は悪であるとして非難するのではなく、逆に対立をしてわれわれのためになるように働かせるべきである」（Metcalfe and Urwick, 1941, 邦訳書, 42 ページ）とするフォレットは、その解決方法として抑圧、妥協、および統合をあげた。統合とは、対立する二者の要望が「それぞれ満たされ、いずれの側も何ひとつ犠牲にする必要のない解決方法」（同, 45 ページ）である。そのためにはまずお互いの相違点を表面にさらけ出し、そのうえでそれぞれの要求を要素分解していき、真の要求とそうでないものを選別していく必要がある。それらをつうじて、双方の真の要求が両立する解決策を見出していくことが可能になるのである。

　テイラーのいう「精神革命」が、起業家と従業員の利害の一致を所与とした直接的なものであるとするならば、フォレットのいう統合は、まずお互いの立場の違い、求めるものの相違点を認めて、対立する要求に向き合う過程を重視しているという意味で、間接的なものであるといえる。このような間接的な統合によって、フォレットが念頭に置いていたであろう労使関係の視点から見れば、前項で見た経営プロフェッショナリズムと、労働者によって新たに定義されたコーリング概念とが双体をなしていると考えられよう。

2.2.3　マネジャーのモラルからモラルのマネジメントへ

　バーナードによる道徳性（モラル）の組織論およびマネジメント論は、本章の視角からは、フォレットの管理者職能論の延長上にあり、またその議論を抽象的に一般化したものと位置づけられる。Barnard（1938）における組織と管理の議論の終盤（第 17 章）では、以下のような点にふれられている。すなわち、協働システムとしての組織が道徳的側面をもつこと。それが多様で重み付けも異なる構成員個人個人の道徳準則から構成され、それゆえに複雑性をもつこと。管理職能はこの複雑性に向き合い、しばしば対立に対処し、また組織としての新たな道徳性を創造

し、組織の道徳準則と構成員個人個人の道徳準則を一致させ、方向づけるようなリーダーシップを発揮していくことであることである。

　Barnard（1958）では、このような道徳性の組織論と管理論がより明快に論じられている。ここで道徳性とは、「何が正しいか、何が間違いであるかについての信念ないしは感情によって支配されている行動」（邦訳書，239ページ）と定義される。道徳性から生じる責任の多様性についてバーナードは、個人的なもの、公的な代理性（現在の術語では「役割」と理解できる）によるもの、組織内の地位関係から生じる忠誠、法人としての責任、個人による組織への忠誠、浪費や非能率にたいする経済的責任、組織内プロフェッショナリズムとしての技術的・科学技術的責任、および法的責任をあげている。これらの多様な道徳および責任は、体系性を有しているが、それは「十戒あるいは山上の垂訓とは異なり、明確に定式化されたり、規約化されていない」（同，253ページ）という特徴をもっている。また道徳性の対立は、観察者に見える客観的な対立ないし矛盾と、当事者たち、またしばしばその一方にしか認識されえない主観的な対立ないしジレンマとにわけられる。ビジネスの場ではおおごとになることはなくても、幾千という道徳的ジレンマに対処することが、管理者の負担となっている。

　道徳的責任の対立を解決する手段の第1を、バーナードは司法的方法と呼んでいる。これは責任を限定し境界を定めて対立を回避するという方法である。第2は調停の方法と呼ばれている。これは当該対立を誤った仮定および事実の無視や誤認にもとづく擬似的なものであることを明らかにするという方法である。第3は具体的解決を発明する方法と呼ばれ、「当初の望ましい目的を、回避すべき有害な作用を伴うことなく、効果的に達成するような別の提案を発見する、あるいは案出する」（Barnard, 1958, 邦訳書, 257ページ）ことである。第2と第3の方法は、フォレットのいう対立の統合の手法と共通性があり、現在のコンフリクト・マネジメントの考え方を先駆的に示している。またそればかりでは

なく、バーナードの定義する道徳性の管理は、労使間の対立といった目に見えて限定的な場面のみならず、現在の組織論でいうところの多様な下位規範のマネジメントの問題をとらえていると考えられる。

　これまでの論述をもととして、フォレットによる建設的対立と統合の議論からバーナードによる道徳性のマネジメント論にいたる管理（者）職能論の展開は、以下のような示唆を与えている。すなわち、PWE にもとづくコーリング概念が 20 世紀前半に再定義されていくにあたり、企業やその経営者・管理者が専門職として倫理的であるために、どのようなことを考え、実践していかなければならないかという問題の考察と理論化が、この時代の経営学の展開の一大潮流であったとみなすことができる。

2.3　20 世紀後半における PWE とコーリング概念の展開

2.3.1　プロフェッショナル・モデルにおけるコーリング概念の位置づけ

　富澤（2011）の析出した経営プロフェッショナリズムは、当時のアメリカ社会全体で、さまざまな専門的職業における倫理のあり方を議論し確立していこうという流れのひとつとしてとらえられる。以降その流れは、企業組織の大規模化と職業の専門化が着実に進行するなかで、1960 年代には職業社会学におけるプロフェッショナル・モデルとして確立した。それは職業の構造的側面と態度的側面の双方で構成されている[*3]。

　Hall（1968）のまとめによれば、プロフェッショナル・モデルの構造的側面は以下の 4 つの属性を有している。第 1 に、社会における従来あるいは新たに求められた職能（機能）を果たすための常勤の仕事を生み出していることである。第 2 は、当該専門職の知識の基地となり、職業の社会的地位を高めるための、専門的訓練学校を有していることである。伝統的な専門職ではそれは定評ある大学の一部となり、新しい専門職では訓練機関がはじめから大学内におかれている。第 3 として、専門

職団体の形成があげられる。地域の団体が全国団体にむすびつき、政治的要因や競合する専門職の有無によっては、より強い結合体としてのアソシエーションが形成される。第4は、倫理的コードの形成である。これには専門職内部の仲間のもの、および外部のクライエントや公共にたいするものがある。通常は専門職団体が、その構成員にたいして遵守のための強制力を発揮するが、それがしばしば法的な裏づけをもつばあいもある。他方で、プロフェッショナル・モデルの態度的属性については、Hall（1968）はつぎのように要約している。

1．専門職組織を準拠枠とすること。この専門職組織は、公式組織と非公式な同僚集団を含んでいる。それらは専門職にとって仕事におけるアイデアや判断の源泉となる。

2．公共への奉仕の信念。この要素は専門職にとって不可欠の考えであり、専門職による仕事は公共にたいしてとそれを実践するひと自身にたいしての両方に利益をもたらすものだというものの見方である。

3．自己調整への信念。専門職の仕事ぶりを判断できるひとが専門職仲間としての資格があるとされ、そのような資格づけが望ましくまた実践的であるという見方である。仲間同士で互いにコントロールするという信念である。

4．専門領域へのコーリングの感覚。専門職が仕事を献身的につとめ、たとえ外的報酬が少なくなってもその仕事をしたいと思う感情である。

5．自律性。専門的実践家は、自分自身でものごとを決められるようになるべきであり、クライアントや当該専門職でないひと、雇用組織などからの圧力に屈してはならない。（Hall, 1968, p. 93. 下線は引用者による）

以上の諸属性はつぎのように評価できる。第1に、総体的に、プロフェッショナル・モデルの構造的属性における倫理コードの重視と、態

度的属性全般、とくに公共奉仕への志向性とコーリングの感覚といった
ものは、PWE の流れを色濃く受け継いでいると考えられるということ
である。これらの側面は、専門職のひとびとに、なぜその仕事につくの
かという理由を与えている。また以下の点も指摘できる。すなわち、(企
業)組織の論理からは独立性を有するプロフェッショナリズムにおいて、
コーリングの結果としての個人の充足は内発的なものであり、その献身
性が強調されるいっぽうで、外的報酬にあらわれる経済的側面の位置づ
けについては希薄であるといえる。

2.3.2　PWE と達成動機および他者志向性

　社会学におけるプロフェッショナル・モデルとは対照的に、PWE へ
の心理学的アプローチの嚆矢であるディビッド・マクレランドの研究は、
その経済的帰結に着目するだけではなく、そのスケールを個人レベルか
ら国家経済レベルにまでおしひろげた点が特徴的である。その概要につ
いては、McClelland (1961) の邦訳書のほか、Wren (1994) や金井 (2006)
による概要の紹介にふれることができる。マクレランドは国レベルの経
済発展をもたらす個人の心理的要因として、達成動機を考えた。達成動
機の喚起は、主題統覚検査として知られる手法において、被験者が望ま
しいパフォーマンスの基準をもっていて、それをやり遂げようとした
り、達成への阻害要因に敏感であったり、さまざまな達成手段を試みた
り、自分の努力の結果にたいして喜んでいるとか悲しんでいるといった
ような思考の測定にあらわれるとされる。

　マクレランドは、PWE を有する家庭は、独立をうながし、安易な満
足に陥らず、熟練を求めるような教育をするので、子供は強い達成動機
をもつようになると考えた。達成動機の高い「ハイ・アチーバー」はそ
の後起業家として成功し、ビジネスの拡大を生み出す。それが最終的に
国家の経済発展につながるとマクレランドは考えたのである。リアルタ
イムの検査データが得られないばあいは児童文学の内容分析をおこなう

など測定の工夫をして、歴史縦断的および地域横断的にさまざまな社会を比較しながら、マクレランドはPWEのエートスが存在し、さらに根本的には達成欲求（n達成）の高いひとびとからなる社会が経済的にも発展することを立証しようとした。

　マクレランドの研究は、現在の実証研究の水準からみると、測定方法が未熟で、発見事実もあいまいであることが指摘されている。また本研究の視角とも関連する問題として、n達成はPWEの諸側面のうちハードワークや生産性、質素倹約に焦点がおかれており、禁欲などの他の側面は含んでいない点が指摘されている（Furnham, 1984）。n達成はPWEの一面を切り取る概念にすぎず、これのみで経済の発展は説明できないという批判である。しかしながらMcClelland（1961）を検討すると、マクレランド本人がそのことをもっとも意識していたことがうかがえる。マクレランドは、n達成以外に経済発展への影響が見られそうな心理的要因について、さまざまな探索をおこなった。その結果、達成欲求とあわせて、経済の発展に寄与する可能性の高い心理的な構成概念として、「他者志向性」を提起している。

　他者志向性とは、社会学者ディビッド・リースマンが社会のもつ性格（パーソナリティ）として類型化した概念のひとつで、Riesman（1960）本来の議論からすれば、宗教改革にはじまりPWEが支配的であった時代の欧米の社会的性格（「内的志向型」と呼ばれる）とは非連続性をもつものである。他者志向性の性格をもつ社会では、個人の行動は同時代の他者によって方向づけられる。それはそのひとにとっての直接の知り合いでもありうるが、より可能性が高いのは、当該社会で高度に発達したマスメディアなどをつうじた「一般化された他者」である。この社会では、そのような同時代の他者をたえず気にしながら行動していくことが、個人レベルで内面化されている、というのが他者志向性の特徴である。

　マクレランドはこのような心理的要因が、経済発展を阻む伝統的な規

範から個人を解放し、個人に行動の選択肢をより多く与え、人間関係や
役割関係をも柔軟にするという、肯定的なとらえ方をしている。さらに
マクレランドは、このような他者志向性がビジネスの公共性や商業道徳
を確立することにつながると考えた。すなわちアンフェアな経済活動は
マスメディアによって糾弾され、世論によって淘汰されていくと同時
に、「個人に公共性ということを教えるにちがいない」（McClelland,
1961, p. 196. 邦訳書，278 ページ）だろうということである。

　　そのような制裁によること（伝統にたよるのではなく）によって、み
　　なとはかけ離れた行動をコントロールし、新しい社会規範を確立して
　　いくという意味で、それらの国は《他者志向的》になっていくのであ
　　る。かくて社会的責任を、伝統にもとづくところから、他人にもとづ
　　くところへと移行させる傾向を多くもった社会的機能が示すもっとも
　　重要な保証というのは、それが市場の無名的性質に道徳性を付与する
　　という、より大きい保証である。世論にたよることは、商業道徳を行
　　きわたらせ、強制するという社会的メカニズムを作り出すのであっ
　　て、経済進歩を停滞させている市場的欠陥を除去するためには商業道
　　徳が本質的に不可欠なのである。（McClelland, 1961, p. 196. 邦訳書，
　　278-279 ページ）

　マクレランドの研究は、Furnham（1984）によって指摘されるよう
な問題は否定できないが、PWE を n 達成という心理的な説明変数にお
きかえ、ウェーバー命題に立ち返ってその検証をしようとしたという点
で独自であり、また職業的・商業的活動が活性化されるための社会的な
存立要件、とくにその道徳的側面を、同時代性を反映させつつあらため
て考察したという点でも、本研究の視角からは、他の研究にはない貢献
が認められる。

2.3.3　PWE の心理学的研究の展開

　マクレランド以降の PWE の心理学的研究は、PWE の尺度化と、それを中心としたウェーバー命題の構成諸変数の関連の検証とによって特徴づけられる。PWE の尺度についてはいくつかが開発されてきたが、その代表的なものとしては、Mirels and Garrett（1971）が大学生に実施するために開発した以下の 19 項目があげられる。

　1．ほとんどのひとは、利益にならない娯楽に時間を使いすぎている。

　2．ひとびとが余暇の時間を少なくすれば、われわれの社会の問題はより少なくなるだろう。

　3．ギャンブルや投機などで得たあぶく銭は、無分別に浪費されるのが普通である。

　4．仕事で最善をつくすことをやり遂げるほどの満足はそうそうない。

　5．もっともむずかしい授業こそもっともやりがいがあるのが普通だ。

　6．人生で成功しないひとは、純粋に怠惰なだけである。

　7．自力で成功したひとは生まれながらの金持ちよりも倫理的であると思われる。

　8．わたしはしばしば、何らかの楽しみを我慢すればもっと成功するのに、と感じる。

　9．ひとびとはリラクゼーションのためもっと余暇に時間を使うべきだ。*

　10．ハードワークができ、それを喜んでするひとには成功するチャンスがある。

　11．仕事でうまくいかないひとは、普通は、それを一生懸命しようとしていない。

　12．われわれが苦しむ必要がなければ、人生はもっと意味のないものになるだろう。

　13．ハードワークは成功をほとんど保証しない。*

14.　クレジットカードは不注意な浪費への切符である。

15.　われわれが余暇にもっと時間を使えば、人生はもっと意義深いものとなるだろう。*

16.　楽しくない仕事に熱意を持って取り組むひとは、出世するひとである。

17.　充分まじめに働けば、そのひとにとって良い人生を送ることができる。

18.　やるべき仕事がほとんどないと、わたしは不安に感じる。

19.　ハードワークを嫌うのは、性格の弱さのあらわれである。

*は逆転項目

(Mirels and Garrett, 1971, p. 41)

　また変数間の検証は、Jones（1997）のまとめにもとづくと、図2.1.のように示される。PWEの先行要因としては個人的禁欲と宗教的信念があり、また後続要因としてはハードワーク（精勤）、「時は金なり」の格言に示される時間の使い方、貯蓄、創意工夫にもとづくイノベーション、他者に向けた正直さをもたらすものとされている。これらの活動が最終的に、神からの報いとしての富をもたらすとされている。

　PWEの心理学的検証は、多面的な変数間の関連の探索に向かっているが、以下のような点も指摘できる。第1に、職業社会学におけるプロフェッショナル・モデルとは異なり、コーリングをPWEのさまざまな原理を導く一構成概念としては認めつつも、それはあくまでPWEの導入的な役割をもつものに過ぎず（Furnham, 1984）、分析モデルの要素としても位置づけられてこなかったという点である。第2に、これと関連して、PWEがなぜ、どのように形成されるのかという問題への焦点化は相対的になされてこなかったという点である。これはマクレランド自身は家庭内教育と関連させて論じたものの、それ以降、PWEを基本的にはパーソナリティとして、所与のものとする傾向があったためであ

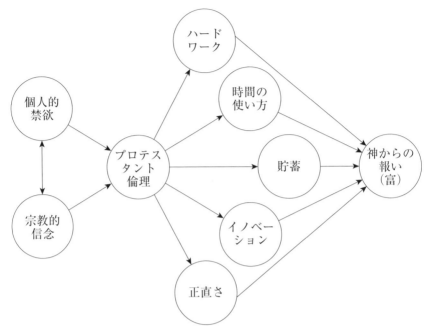

図 2.1. プロテスタント倫理の心理学モデル化
出所：Jones（1997），p. 763.

ると考えられる。

2.3.4 「心の習慣」とコーリング概念

　宗教社会学者ロバート・ベラーによるコーリング概念への再着目は、近年のワーク・キャリア領域におけるコーリング研究のひとつの契機となっている（Wrzesniewski, et al., 1997；Dik & Duffy, 2009）。Beller et al.（1985）において仕事のあり方は3つに分類された。その第1は「ジョブ」である。このばあい、仕事は金を稼いで生活を立てるための手段である。これによって、経済的な保障や成功にもとづく自己定義がなされる。第2は「キャリア」である。ここで仕事は功績や立身出世の過程を示すものとされ、自己は社会的地位や威信を含む（経済的意味以上に）広義の成功によって定義づけられる。第3が「コーリング」である。こ

こでは、仕事はそのひとの活動に理想や道徳的意味を与えるものである。さらに天職をつうじて、自己はより大きな共同体と結びついた存在と定義される。

　コーリングにおいては、自己はよく訓練された技術と適切な判断力を持つ者同士の共同体の内に置かれる。この共同体は、活動によって得られる結果や収益ばかりでなく、活動自体に意味や価値があると感じている。しかも、コーリングは個人を彼の仕事仲間へと結びつけるばかりではない。コーリングは個人をいっそう大きな共同体へと、各人のコーリングが皆の利益に対する貢献となるようなひとつの大きな全体へと、結びつける。(Bellah et al., 1985, 邦訳書, 76 ページ)

　ベラーらによるコーリング概念の定義は、宗教的な意味あいこそ所与としないものの、コーリングの初期の定義におおきく立ち返るものであるといえよう。第 1 に、この定義はプロフェッショナル・モデルの所属性と高い共通性をもちつつも、コーリングが専門的職業という限定から自由になったことを示している点である。すなわち、仕事と自己との関係しだいで、ルターがいうようにすべての仕事が天職でありうるし、だれでもコーリングをもちうるということである。第 2 に、共同体感覚の重視である。専門職団体にとどまらず、宗教組織や地域コミュニティなど、さまざまなつながりをつうじて、個人がコーリングをつうじた全体への貢献を実感できるような定義であることである。

小括

　これまでの議論をもとに、コーリングが PWE とのかかわりのなかでどのように変遷してきたのかをまとめておこう。ウェーバーが分析した、ルター、カルバンにいたる初期のコーリング概念は、召命的側面、

利他的側面、個人充足的側面という 3 つの側面を有していた。また個人の充足という側面はさらに、自分がその仕事に生涯をかけて取り組むという内発的側面と、結果として個人に経済的な利得をもたらすという外発的側面に区分できる。プロテスタンティズム、とくにカルバンの予定説において、それを信じるひとにとって召命そのものが内発的動機をもたらす起爆力となった（三宅，2016）。

　ウェーバーがベンジャミン・フランクリンを対象として論じたとおり、ピューリタンは勤勉、節約、創意工夫など経済活動の合理化をすすめたが、そのなかでのコーリング概念から召命の要素が失われ、禁欲的に職業に取り組み利益を生み出すこと自体が目的化していった。20 世紀初頭において、科学的管理法など初期のマネジメント論、経営者の倫理観（経営プロフェッショナリズム）の形成と並行しつつ再定義がなされたコーリング観は、召命なきピューリタンのそれを色濃く反映している。ここにおけるコーリングは、個人の経済的充足のみならず社会的奉仕という利他的動機にもとづくものであり、さらに労働者の生活全般を質的に向上させ、人間的成長をもたらす内的充足をも志向する概念として位置づけられた。

　20 世紀後半の職業社会学におけるコーリング概念と、心理学におけるコーリング概念は対照的な特徴をもっていた。前者は専門職（プロフェッショナル）としての態度的な基準の 1 要素であり、公共の福祉に寄与するという利他的側面と、内的動機にもとづく職業上の献身性が重視されていた。他方で個人の経済的充足についてはコーリングからやや除外されている感がある。後者においては、マクレランドの議論以来一貫して、ピューリタン的な禁欲をともなう経済活動と蓄財が一般概念として操作化された PWE を導く導入的な変数として、コーリングが位置づけられることになった。マクレランドは経済活動の公共性や商業道徳について論じたものの、その後一般化された心理概念としての PWE には、利他性の側面は希薄である。また前者は教育や職業経験などをつう

じた個人におけるプロフェッショナリズムの醸成にともない形成される感覚であることが示唆されているのにたいし、後者は（マクレランドを例外として）ほぼパーソナリティ的な位置づけがなされている点でも対照性が認められる。

　利他的動機と、個人の内的動機、外的動機をそなえたコーリングは、ベラーによってふたたび示されることになった。またベラーによるコーリングの提示は、その後のキャリア論におけるコーリング研究をおおいに刺激することになった。そこにおける議論では、上記にあげたコーリングの諸側面のうちどれを認めるのかも問題となっている。次章ではこの点も含めて、20世紀終盤から展開している新しいコーリング研究を展望することにしたい。

＊1　本章は上野山（2016）に加筆修正をほどこしたものである。
＊2　本章以降においては、たとえば Hannah et al.（2011）同様に、道徳的（moral）と倫理的（ethical）を同義として使用する。
＊3　プロフェッショナルの定義に構造的側面のみならず態度的側面も含めるかどうかについては、さまざまな議論がある。その概要については、たとえば竹内（1971）を参照されたい。

第 3 章

キャリア論におけるコーリング研究の展開

本章では近年のキャリア論におけるコーリング研究のレビューをおこなう。まず、宗教的・歴史的・地域的その他の制約を有する特定概念であるコーリングがどのように一般概念化されてきたのか、その流れに位置づけられる研究を概観する。つぎにこれまでのコーリング研究において、コーリングがどのように定義され、どのような概念構造を有して、またどのように測定されてきたのかを整理する。さらに、これまで実施されているコーリングについての経験的研究を網羅的に紹介し、関係が検証されている先行要因、同時関連要因、後続要因にわけて整理する。今後の展望としては、コーリングがもつ両義的なメカニズムの解明と、日本での理論的・実証的研究が必要であると論ずる。むすびにかえて、キャリア論においてコーリング概念がどのように位置づけられるかを簡潔にまとめることにしたい。

3.1　コーリングの一般概念化

　コーリングはもともと、学術的にも一般的にもその適用についてさまざまな限定を有する概念である。前章でみたように、コーリングは歴史的に、欧米を主として展開したプロテスタンティズムに関連する特定概念を出発点としている。またこの点と関連して、宗教職や教育職などのいわゆる「聖職」をはじめとして、社会的威信があったり、公的奉仕の側面が強い職業、その他プロフェッショナリズムの確立した職業などが、コーリングになじむという暗黙の前提が現代にいたるまで残存している。

　このような側面をもつコーリングが普遍性をもつ一般概念として確立されるためには、現代の職業人にたいして、宗教、地域、職業特有の概念ではなく、広く適用可能であることが実証的に示されていく必要がある。このような試みが、現代のキャリア論におけるコーリング研究のひとつの流れとなっている。以下では、コーリングの一般概念化に寄与し

たと考えられる研究をみていくことにしたい。

3.1.1　職業とコーリング

　Wrezesniewski et al.（1997）は、『心の習慣』（Bellah et al., 1985）が
アメリカの社会学的分析にもとづき示した仕事への3つの志向性（ジョ
ブ、キャリア、コーリング）のうち、どれを個人が持っているかを特定
する質問票を作成し、職業横断的な135名の回答者からのデータを分析
した。ベラーらにならい、ウェズニスキーらも仕事を生活を立てるため
の手段とみなす志向を「ジョブ」、功績や立身出世の過程を示すものと
みなす志向を「キャリア」、理想や道徳的意味を与える志向を「コーリ
ング」と区分している。全体としては、ジョブが44名、キャリアが43名、
コーリングが48名とほぼ均等に分散した。下位集団のもつ傾向を比較
すると、コーリング群は他群よりも収入が多く、学歴が高く、職業の社
会的地位が主観的にも客観的にも高い傾向があった。

　しかしながらウェズニスキーらは、3つの志向性は職業には依存しな
い、そもそもかつてルターやカルバンが説いたように、どの職業がコー
リング（的）でありまた別の職業はコーリング（的）ではない、などと
いうことはないはずだ、という前提のもとに以下のような追加的分析を
おこなった。この調査における職業別の最大の下位集団は、かならずし
も収入も職業的威信も高いと前提されえない事務補助員であった。24
名の志向性は、ジョブが9名、キャリアが7名、コーリングが8名と、
ほぼ均等な分布を示した。また、生活全般への満足、職務満足、職位の
認識などについての下位集団間の違いの傾向が全体の分析と同様であっ
た。これらの点からウェズニスキーらは、簡便的分析の域を出ないもの
の、ジョブ、キャリア、コーリングの区分は、職業や職場を問わず適用
可能であろうと結論づけている。

3.1.2　宗教的関与とコーリング

　コーリングが特定の宗教へのかかわりの影響を受けるのか、またかかわりの程度が影響するのかという点については、以下のような研究がある。Duffy and Sedlacek（2010）はアメリカ中部大西洋岸の公立大学1年生5,523名による質問票データをもとに、敬虔さ（religiousness）とコーリングの存在および探索の度合いの関係を検証した。回答者の宗教的背景は多いものから、プロテスタント（27％）、カトリック（15％）、ユダヤ教（15％）、不可知論および無神論（それぞれ10％）などであった。敬虔さはコーリングの存在と弱い相関（$\gamma = 0.10$, $p < 0.05$）を示したが、コーリングの探索とは有意な相関を示さなかった。他方で、コーリングの存在は人生の意味の存在と有意に相関し、コーリングの探索は人生の意味の探索と有意に相関していた。なお人生の意味の存在は敬虔さと相関していた。

　Steger et al.（2010）は、心理学の入門クラスの学生295名を対象に、宗教への高いコミットメントをもつひとと、そうではないひととの2群にわけた。各群において、そのひとにとってコーリングが存在し、それをよく理解していることが、心理的に健康で、前向きな仕事態度をもつことにどのように影響するかが検証された。その結果、宗教へのコミットメントが高い群も低い群も、内面的な宗教性（intrinsic religiousness）ではなく、意味の存在（presence of meaning）を経由しつつ、コーリングの存在や理解がのぞましい結果に影響を与えるというメカニズムは変わらない、ということが明らかにされた。すなわち、信心深いひとも、そうではないひとも、それぞれ自分なりに仕事への意味づけをおこなうことをつうじて、コーリングの存在や理解をよりよい仕事や生活の知覚にむすびつけることができる、ということである。

3.1.3　地域とコーリング

　伝統的にキリスト教圏とみなされる地域以外へのコーリング概念の適

用可能性を検討した経験的研究としては、Zhang et al.（2015）がある。ジャンらは、コーリングに相当する中国語として「使命」があるが、それは儒教の影響を受けた運命論の影響を強く受けており、名誉ある祖先や一族、あるいは歴代皇帝や現代における偉大な指導者への奉仕といった意味あいを伝統的にもっていたと指摘している。そのうえでジャンらは、市場経済システムへの移行後「使命」への意味づけも多様化しうるという前提に立って、210人の学生の面接調査データをもとにコーリング概念の構造化を試みた。定性的データのコーディングの結果からチャンらは、中国におけるコーリングの概念構造も、それまでのキャリア研究において一般概念化がなされてきた構造とおおむね共通しているとした。さらに、伝統的な運命論や上位の存在にたいする使命感から出発しつつ、自らが能動的、積極的にコーリングを追求したキャリアを展開するという考え方も、中国におけるコーリング概念に根づきつつあると結論づけられている。

3.2　コーリングの定義と操作化

　さて、以上のようなコーリング研究のひとつの流れが、キャリア論におけるコーリング研究における大きなひずみをもたらしてもいる。すなわち、歴史学・宗教学・社会学的な特定概念を出発点としており、最初から一般概念として定義されたものではないため、コーリングの定義や概念構造が研究者によってまちまちで、定式化がなされないまま実証の展開がなされているという問題である（Hunter et al., 2010；Dobrow and Tostti-Kharas, 2011；Duffy and Dik, 2013）。

3.2.1　コーリングの定義
　コーリングをそもそも何として定義するのかについて、仕事への志向性（Bellah et al., 1985；Wrezesniewski et al., 1997）なのか、仕事その

もの（Hall and Chandler, 2005）なのか、職業別分業における場所（Bunderson and Thompson, 2009）なのか、継続中のプロセス（Dik and Duffy, 2009）なのか、一連の行動（Elangovan et al., 2010）なのか、心理的状態（Dobrow and Tostti-Kharas, 2011）なのか、ものの見方や考え方（Dik and Duffy, 2013）なのか、という前提についてすら一致がみられていないのが実情である。

　コーリングの定義および概念構造についての主要論点は、前項で見たような特定概念としてのコーリングを一般概念化するにあたり、どの要因を切り離し、どの要因を継承するかにあると考えられる。この問題については、Bunderson and Thompson（2009）やそれにおおむねならい柏木（2015）が示したコーリングの古典的定義、新古典的定義、現代的定義という3分類が議論を進めるために有用であろう。表3.1. に示すように、コーリングの古典的定義は、プロテスタンティズムを背景とした宗教性を有しており、一般概念ではなく特定概念として位置づけられる。これと対極をなすのが、神の存在を離れ、もっぱら個人的なものとしてコーリングを位置づける現代的定義である。現代的定義に分類されるものとしては、コーリングを「個人が人生の目的と感じられる仕事（Hall and Chandler, 2005）」、「個人が何をしたいか、何をすべきか、何をしているかの収束を示す、向社会的意図を追求した一連の行動（Elangovan et al., 2010）」、「生活領域にたいして経験される激しく意義深い情熱（Dobrow and Tosti-Kharas, 2011）」などとみなす研究がある。

　古典的定義と現代的定義との中間に位置づけられるのが、新古典的定義と呼ばれる分類である。この分類においてコーリングは、現代的定義がもつ自己認識的な位置づけを含んでいるとみなされる。さらに、特定の宗教における神的存在ではないものの、何らかの超越的存在や、自分自身の活動や能力のおよばない部分の存在が古典的定義より継承され、その職業やキャリアへの影響が認められる。これに属するものとしては「特定の職業に就くことへの自己超越的な命令（Duffy and Sedlacek,

表 3.1. コーリング概念の変遷

	古典的概念	新古典的概念	現代的概念
定義的特徴	・プロテスタンティズムを背景に、宗教性を帯びたもの ・神から全ての人に与えられた才能と、その才能を用いて働く個人の責務に基づく	・古典的概念に近いものの、神の存在や宗教性は薄れている・自分以外から運命づけられた職業（他者からの召喚）、自己の仕事の社会に対する貢献（向社会性）を重視	・神の存在を離れ、大いに個人的なもの ・自己の目的、意義、情熱、自己実現等を重視
概念的特徴	・神が与えた才能を人類の幸福のために用いるとき見出される（カルバン） ・神が人間に与えた任務、世俗の職業全てが神の召命（ルター） ・全ての人に例外なく神の導きによって用意されているため、自らの専門性を磨き、労働しなければならない（ウェーバー）	・特定の職業に就くことへの自己超越的な命令（Duffy and Sedlacek, 2007） ・自己を超えたものに由来して経験される超越的召喚であり、ある意味で目的あるいは有意味性の感覚を示したり得たりすることを志向する特定の生活役割であり、動機づけの第一因として他者に向けられた価値や目的を有するもの（Dik and Duffy, 2009） ・社会の職業別分業において、特定の才能や人生における特殊なチャンスを生かすよう運命づけられていると個人が感じられる場所（Bunderson and Thompson, 2009）」	・個人が人生の目的と感じられる仕事（Hall and Chandler, 2005） ・個人が何をしたいか、何をすべきか、何をしているかの収束を示す、向社会的意図を追求した一連の行動（Elangovan et al. 2010） ・生活領域にたいして経験される激しく意義深い情熱（Dobrow and Tosti-Kharas, 2011）」

出所：柏木（2015），p.210 をもとに加筆し作成。

2007)」、「自己を超えたものに由来して経験される超越的召喚であり、ある意味で目的あるいは有意味性の感覚を示したり得たりすることを志向する特定の生活役割であり、動機付けの第一因として他者に向けられた価値や目的を有するもの（Dik and Duffy, 2009）」「社会の職業別分業において、特定の才能や人生における特殊なチャンスを生かすよう運命づけられていると個人が感じられる場所（Bunderson and Thompson, 2009）」といった定義がある。

3.2.2　コーリングの概念構造

　コーリングの概念構造については、理論的に、または経験的に複数の構成要素が指摘されている。Dik and Duffy（2009）は上にあげたコーリング概念定義に対応して、(a)超越的な召喚（transcendent summons）、(b)より広い意味づけや目的との結合性、(c)他者に向けられた価値や目的にもとづく動機づけ、を構成要素としてあげている。Elangovan et al.（2010）はコーリングを、(a)行為の志向性、(b)目的の知覚、(c)向社会的意図の3側面を持つものであるとした。

　コーリング概念の多元性については、主として定性的調査をもとにした経験的分析の裏づけが存在する。Hunter et al.（2010）は、435名のアメリカ大学生それぞれに3つの自由回答式の質問をおこない、その回答内容をQDA（emergent qualitative document analysis：創発的定性的文書分析）あるいはEDA（ethnographic content analysis：民族誌的内容分析）[*4]と呼ばれる手法で分析した。その結果、コーリングの定義の持つ構成要素として、(a)導く力（guiding force）、(b)個人適合あるいはユーダイモニック[*5]な幸福感、(c)利他主義(altruism)が見出された。また、Hagmaiera and Abele（2012）は、25名の博士課程修了生および過去の在籍生にたいする階梯式面接法（laddering interviewing technique）[*6]によるデータをグラウンデッド・セオリー・アプローチ（GTA）にもとづき分析し、以下の5カテゴリーを導出した。すなわち、(a)超越的に

導く力、(b)自身の仕事への同一化、(c)個人－環境適合、(d)価値主導の行動、(e)知覚と意味づけ、である。なおこのような概念構成が、例えば中国のような欧米以外の地域でも検討され、現在のところ特段の反証が示されてはいない（Zhang et al., 2015）ことは、すでに指摘したとおりである。

　コーリングの構成要素導出にあたっては、上記にあげた研究のようにデータに根ざしたカテゴリーを抽出するアプローチのほか、内容的に近似すると考えられる既存の構成概念との相関性を検証することで、概念の全体像を描写しようとする定量的研究も存在する。Hirschi(2011)は、ドイツ北部の公立大学生407人を対象とした定量的分析の結果から、コーリングの本質的な構成要素として、(a)キャリア決定性（career decidedness）、(b)自己内省（self-reflection）、(c)キャリア・エンゲイジメント（career engagement）[*7]、(d)キャリア・コンフィデンスの4つをあげた。また付随的な要素としては、仕事の重要性、宗教の重要性、仕事価値観[*8]のうち自己超越、保守性、変化への開放性、が見出された。柏木（2015）も同様のアプローチにもとづき、日本の文科系大学学生275名への質問票データを分析した。コーリングとの関連が見られた概念は、自己効力感、内発的動機づけ、仕事価値観のうち変化にたいする受容性および自己高揚（self-enhancement）であった。なおハーシ、柏木ともに、コーリングの概念構造の検討と合わせて、クラスター分析をもちいて、コーリングを持つ学生のタイプ分けの試みをおこなっている。

3.2.3　コーリングの測定

　上記のように、コーリングの概念構造についてはその多元性を指摘するものが多いものの、とくに定量的測定という視点からは、コーリングが単一次元構造なのか、多元的構造なのかの結論が出ないまま尺度作成がなされ、実証研究の展開がなされてきているのが実情である。ここではいくつかのコーリング測定手法および尺度を紹介していくことにした

い。

Wrezesniewski et al.（1997）では Bellah et al.（1985）による定義を
もとに、以下のように3つの志向性を示すパラグラフを読んだ回答者か
ら「たいへんよくあてはまる⑶」～「自分とはまったく異なる⑵」まで
の4点法での反応を測定した。

ジョブ

A氏は、彼の仕事以外の生活を支えるために十分なお金を得ること
を第一に仕事をしている。彼がもしお金の面で不安がなければ、現在
の仕事を続ける理由がなく、むしろ他のなにかに取り組むことだろ
う。A氏にとって仕事とは基本的に、呼吸や睡眠と同様、生活のため
の必要なものである。彼はしばしば仕事中時間がもっと早く過ぎれば
いいのにと考える。彼は週末や休暇を待ち望んでいる。もしA氏が
生まれ変わることがあっても、彼は今と同じ仕事にはおそらく就かな
いだろう。彼は自分の友人や子供達にも自分の仕事をすすめることは
ないだろう。彼は引退をこころより待ち望んでいる。

キャリア

B氏は基本的に仕事を楽しんでいるが、5年後も今と同じ仕事をし
ようとは考えていない。そうではなく、彼はよりよく、レベルの高い
仕事に移ることを計画している。彼は将来の目標をいくつか持ってい
るが、それらは彼がゆくゆくは手に入れたい地位に関連している。と
きどき彼の仕事は時間の無駄のようにも見えるが、彼は仕事を移るこ
とを考えれば、現在の地位で十分うまくやっていかなければならない
ことを承知している。B氏は昇進を待ち望んでいる。彼にとって、昇
進は彼がいい仕事をしていると評価されたことを示すものであり、彼
が同僚との競争において成功したことを示すものだからである。

コーリング

　C氏の仕事は彼の生活の最も重要な部分のひとつである。彼は現在の仕事に従事していることをたいへん気に入っている。彼が生活のために何をしているかというのは彼がどんな人間かという問いに不可欠な一部分であり、彼が周りの人に自分について語る時の第1の話題であるからである。彼は仕事を家庭や休暇に持ち込むこともする。彼の友人の大部分は彼の職場関係であり、また彼は仕事にかかわるいくつかの組織やクラブの一員でもある。彼は仕事を愛しており、仕事があるから世界がより良い場所だと感じるほどであるため、仕事に満足している。C氏は仕事を辞めさせらられればかなり不安になるだろうし、引退を楽しみにしているということはない。

Bunderson and Thompson（2009）は新古典的定義にもとづくコーリングの測定尺度として、動物飼育員を対象とした以下の単一構造・6項目からなる尺度を作成している。「強く不同意である⑴」〜「強く同意する⑺」の7点尺度で測定される。

⑴動物と仕事をするのはわたしの人生における天職（コーリング）であると感じる。

⑵わたしはときどき、動物と仕事をするよう運命づけられていると感じる。

⑶動物との仕事はわたしの生活の居場所のように感じられる。

⑷わたしは間違いなく動物好きである。

⑸わたしの動物への情熱は子供時代にさかのぼる。

⑹わたしは動物と仕事をする巡り合わせだったと思う。

Dobrow and Tosti-Kharas（2011）はコーリングを単一次元の心理状態（情熱）として、以下のような尺度を作成している。カッコ内部分は

調査対象によって文言を使い分けるべきとしている。「強く不同意である(1)」〜「強く同意する(7)」の7点尺度で測定される。

(1)わたしは（自分の楽器を演奏する・歌う・自分の芸術的専門性に従事する・ビジネス・管理者であること）に情熱的である。

(2)わたしは（音楽を演奏する・自分の芸術的専門性に従事する・ビジネスをおこなう・管理者でいる）ことを他の何よりも楽しんでいる。

(3)（音楽を演奏する・自分の芸術的専門性に従事する・ビジネスをおこなう・管理者でいる）ことは、わたし個人に大いなる満足をもたらしてくれる。

(4)わたしは（音楽家である・芸術家である・ビジネスに従事している・マネジャーである）ために、他のどんなことも犠牲にできる。

(5)わたしが他者に自分について述べるときしばしば考える最初のことは、わたしが（音楽家である・芸術家である・ビジネスに従事している・マネジャーである）ことである。

(6)わたしはたとえ深刻な障害に直面したとしても、（音楽家であり・芸術家であり・ビジネスに従事し・マネジャーであり）つづけるだろう。

(7)わたしは（[プロであれアマチュアであれ] 音楽家である・[プロであれアマチュアであれ] 芸術家である・ビジネスに従事している・マネジャーである）ことを、いつも自分の生活の一部になるだろうと考えている。

(8)わたしは（[プロであれアマチュアであれ] 音楽家である・[プロであれアマチュアであれ] 芸術家である・ビジネスに従事している・マネジャーである）こと運命を感じる。

(9)（音楽・自分の芸術的専門性・ビジネス・管理者であること）はいつも何らかのかたちでわたしの心の中にある。

(10)たとえ（音楽を演奏する・自分の芸術的専門性に従事する・ビジ

ネスをおこなう・管理者でいる）とき以外でも、わたしは（音楽・自分の芸術的専門性・ビジネス・管理者であること）についてしばしば考えている。

⑾（音楽とのかかわり・自分の芸術的専門とのかかわり・ビジネスとのかかわり・自分がマネジャーでいること）なしでは、わたしの存在はより意味のないものになってしまうだろう。

⑿（音楽を演奏する・自分の芸術的専門性に従事する・ビジネスをおこなう・管理者でいる）ことは、わたしを深く動かし、喜びをもたらす経験である。

　Dik et al.（2012）はコーリングを2重の多元構造を持つものとして捉え、6つの下位尺度からなる24項目構成の質問票（calling and vocation questionnaire：CVQ）を作成している。まずコーリングの内容的要素は、超越的召喚、目的のある仕事（purposeful work）、および向社会志向の3つとされる。さらにすでにコーリングがそのひとに存在している（presence）か、探索（search）中であるかという2つの態様的要素があるとされる。以下の項目について、「まったくあてはまらない(1)」～「まったくそのとおり(4)」の4点法で測定される。

⑴わたしは自分の職業に導かれたと信じている。（超越的召喚・存在）
⑵わたしは自分のキャリアにおいて天職（コーリング）を追い求めている。（超越的召喚・探索）
⑶わたしの仕事はわたしが人生の目的を実現するのに役立つ。（目的のある仕事・存在）
⑷わたしは自分の人生の目的を果たす助けとなるような仕事を求めている。（目的のある仕事・探索）
⑸わたしは究極的には世界をより良い場所にするようなキャリアを見つけようとしている。（向社会志向・探索）

(6)わたしは人生に意味をもたらすようなキャリアを築きたいと考えている。（目的のある仕事・探索）

(7)わたしは社会が求めるもの似合うような仕事を見つけたい。（向社会志向・探索）

(8)わたしは自分を超えた力によって自分のキャリアへ導かれたとは信じられない。（超越的召喚・存在・逆転項目）

(9)わたしのキャリアの最も重要な側面は、他者の求めるものに応えるようとする役割にある。（向社会志向・存在）

(10)わたしは社会に便益をもたらすようなキャリアを歩むよう試みている。（向社会志向・探索）

(11)わたしは自分を超える何かに導かれて現在の職業をつづけてきたと思う。（超越的召喚・存在）

(12)他者にとって大事な存在であることが、わたしのキャリアにおける第1のモティベーションである。（向社会志向・存在）

(13)わたしは自分のキャリアにおいて、天職（コーリング）を実感できることを追求している。（超越的召喚・探索）

(14)ゆくゆくは、わたしのキャリアが自分の人生の目的に沿うようになればいいと思う。（目的のある仕事・探索）

(15)わたしは自分のキャリアを、人生の目的への道筋であると考えている。（目的のある仕事・存在）

(16)わたしは、どう見ても他者のためになるようなキャリアとなる仕事を探している。（向社会志向・探索）

(17)わたしの仕事は公共の福祉（コモングッド）に貢献している。（向社会志向・存在）

(18)わたしは自分のキャリアの流れにおいて、何が自分の天職（コーリング）なのかを突き詰めている。（超越的召喚・探索）

(19)わたしは、どの領域の仕事をつづける巡り合わせなのかを明らかにしようとしている。（超越的召喚・探索）

⑳わたしのキャリアはわたしの人生の意味の重要な一部分である。(目的のある仕事・存在)

㉑わたしは自分の存在理由に合致するようなキャリアを歩んでいきたい。(目的のある仕事・探索)

㉒わたしはいつも自分の仕事がいかに他者に便益を与えるものであるかを評価することにつとめている。(向社会志向・存在)

㉓わたしが今の職業をつづけているのは、そうするように導かれていると信じるからである。(超越的召喚・存在)

㉔わたしは仕事をしていれば自分の人生の目的に沿っているような生き方をしたい。(目的のある仕事・探索)

　さらに Dik et al.（2012）は、存在と探索の2次元、4項目からなる簡易尺度（brief calling scale：BCS）を作成している。以下のようなリード文をともない、「まったくあてはまらない⑴」～「まったくそのとおり⑸」の5点法で測定される。

　自分自身のキャリアについて述べるとき、「天職（コーリング）」に就く、という言い方をするひとがいます。一般的にいって、「天職（コーリング）」とは、（社会の求めるもの、その人の内にある可能性、神様やより大きな力を持つ存在、などによって）、何らかの仕事に就くよう呼び導かれたという信念にかかわるものです。かつては天職（コーリング）とは、宗教的な職業のみに関連するものだとほとんどのひとが考えていました。しかし今日ではこの概念がほとんどすべての領域の仕事にあてはめて理解されるようになりました。

　以下の質問は、あなたの人生やキャリアがこの概念（天職：コーリング）に関連すると考えられる程度を判断します。正直にご回答ください。社会的に何が望ましいか、自分がどのように考える「べきか」などにしたがう必要はありません。（中略）

⑴わたしは特定の仕事を自分の天職（コーリング）であるとみなしている。（存在）

⑵わたしは自分のキャリアにあてはまるような天職（コーリング）を良く理解している。（存在）

⑶わたしは自分のキャリアにおける天職（コーリング）を見つけようとしている。（探索）

⑷わたしは自分のキャリアにあてはまるような天職（コーリング）を追い求めている。（探索）

Hagmaier and Abele（2012）は、先述したコーリングの5カテゴリーにもとづく多元的質問票を作成し、ドイツおよびアメリカで複数回の実証をつうじて、3つの下位次元構造を持つ9項目の尺度として MCM（multidimensional calling measure）を作成している。各項目は「強く不同意である⑴」～「強く同意する⑹」の6点尺度で測定される。

［仕事への同一化および個人 – 環境適合］

⑴仕事をすることでわたしの潜在能力のすべてを果たすことができる

⑵わたしは自分の仕事に情熱をもっている。

⑶わたしは自分の仕事に一体化している。

［知覚・意味づけおよび価値主導の行動］

⑷仕事をすることでわたしは公共の福祉（コモングッド）に奉仕している。

⑸わたしの仕事は、世界をより良い場所にするための助けとなっている。

⑹わたしは仕事をするための道徳的な基準を高くもっている。

［超越的に導く力］

⑺わたしの仕事をするにあたり、内なる声がわたしを導いている。

⑻わたしはキャリアパスを導く内なる導きにしたがっている。

⑼わたしはまさに現在の仕事をするよう運命づけられている。

　岡本ほか（2006）では、主観的な職業への誇りを示す職業的自尊心との関連概念として、「天職観」の尺度を作成し調査を実施している。以下の 12 項目のアプリオリな次元構造は示されていないが、経験的には単一構造が導かれている。なお何点尺度であるのかなどは記載がなされていない。

⑴生まれ変わっても、今と同じ職業に就きたい。

⑵自分の子供にも自分と同じ職業に就かせたい。

⑶自分の職業は、尊い使命をもっている。

⑷自分を犠牲にしてでも仕事に自分を捧げたい。

⑸今の職業は天職だと感じる。

⑹わたしは職業に人生を捧げている。

⑺わたしは自分の職業を愛している。

⑻死ぬまでこの職業に就いていたい。

⑼この職業に就くためにわたしは生まれてきた。

⑽チャンスがあれば職業を変えたい。（逆転項目）

⑾自分には他にもっとふさわしい職業がある。（逆転項目）

⑿自分にとってこの職業は不向きである。（逆転項目）

3.2.4. 類似概念との異同

　Hirschi（2011）や柏木（2015）が採用したような、類似概念との関連（収束的妥当性）からコーリングの概念的特徴を描写しようとするアプローチは、それ自体は理論的意義を有しているが、同時にそれぞれの概念の異なる点もきちんと検討（弁別的妥当性）されなければ、無用の混乱を招きかねない。コーリングと類似概念との異同については、Dik and Duffy（2009）、Elangovan et al.（2010）などにおいて議論があり、

その概要は以下のとおりである。

　産業組織心理学において確立した構成概念である仕事中心性（work centrality）[*9]、ワーク・コミットメント（work commitment）、ジョブ・インバルブメント（job involvement）[*10]、キャリア・サリエンス（career salience）[*11] といった概念については、コーリングとの関連は指摘できるが、それと比較して、意味生成や向社会的側面に乏しい。パーソナル・エンゲイジメント（Kahn, 1990）[*12] については、コーリングを強くもつ個人はそれが高いとは考えられるが、パーソナル・エンゲイジメントが可変的な心理的状態変数であるのにたいして、コーリングには認識的側面が強く、より安定的であると考えられる。心理的有意味感（psychological meaningfulness）[*13]、仕事の有意味性（meaningfulness at work）、仕事の意味（meaning of work）[*14] といった諸概念は、仕事やその他のものがもつ有意味性にかかわる知覚、行動、仕事そのものやその文脈的要因などを示すものであり、コーリングと密接に関連している。しかしコーリング概念はその焦点が職業やキャリアに向けられていること、有意味性とともにそれをもたらす経路（超越的な存在、人生の目的、向社会性など）も含む点で独自性を有している。コーリングを強くもつ個人はまた、Csikszentmihaiyi（1990）のいうフロー経験をしばしば有するとは考えられるが、それがコーリングに必須であるというわけではない。

　内発的な仕事モティベーション（Deci, 1975 ; Amabile et al., 1994 ; Lawler and Hall, 1970）については、コーリングはなぜひとが仕事に内発的に動機づけられるのかを説明しようとする概念であるといえる。Elangovan et al.（2010）は、自己実現（Maslow, 1970）は、個人が（生涯をつうじて）やりうることのすべてを最適化し、潜在能力を完全に発揮しつくすこととされるのにたいし、コーリングでは現実の自己、理想の自己、そうあるべき自己の一致が求められるが、それがかならずしも自己実現を達成した自己である必要はない、という区別をおこなっている。つまり自己実現を達成しなくてもコーリングにはめぐりあえるとい

うことである。

　コーリングは職業やキャリアのもつ精神性に着目している（Dalton, 2001）点でワークプレイス・スピリチュアリティ（Giacalone and Jurkiewicz, 2003）[*15]と類似しているが、前者は個人特性概念であり、後者は集合概念であるという点で異なる。以上のような議論をもとに、コーリングと他概念との異同を検討した研究は、いずれもコーリングを他概念とは異なる独自の点を有する構成概念であると結論づけている。

3.3　経験的研究の展開

　これまで述べてきたような概念定義と操作化をうけて、コーリングを鍵概念とした経験的（記述および実証）研究が数多くおこなわれるようになった。ここではそれらについて網羅的に紹介していきたい。付録に一覧化した。以下、コーリングの先行要因、同時関連要因、後続要因に区分して記述する。厳密に因果モデルあるいはプロセスモデルとして検証がなされたものではなくても、当該要因概念とコーリングとの特性に鑑み、便宜的に区分している。[*16]

3.3.1　先行要因

　コーリングの先行要因としては、まず人口統計学的・社会的な属性があげられる。すでにふれたように、Wrezesniewski et al.（1997）では、コーリング群はジョブ群あるいはキャリア群よりもよりも収入が多く、学歴が高い傾向があった。Davidson and Caddell（1994）は1,869名のプロテスタントおよびカトリック信仰者を対象にした質問票データについて、判別分析を用いて分析し、2つの判別関数が高水準な領域でコーリング群が構成されていることを明らかにした。関数1と高相関であったのは教育水準であり、関数2と高相関であったのは、社会的正義の信念、信仰の重要さ、宗教的参加であった。Duffy and Autin（2013）では、

高年収、高学歴群のコーリングの知覚が高いことが示されている。中国の会計実務者を調査対象とした Lan et al.（2013）の分析では、雇用期間がコーリング志向に正のインパクトを有していた。Duffy et al.（2016a）では、社会的階級が仕事への意思作用（work volition[*17]）を経由して、コーリングに就いているという実感（living a calling）に影響を与えていることが示された。Nath（2017）はインドのおけるコーリング志向の形成過程を、70 名の若い医師およびインターンにたいする定性的調査から明らかにした。対象者のコーリング観には、家庭の伝統と世代継承性が深く関連しており、コーリングの形成には家族間のコミュニケーションが強く影響していると結論づけられている。このような研究は、国や地域特有のコーリングの側面を描写するものであるといえる。

　ルーマニアの大学生がもつコーリングについて調査をおこなった Dumulescu et al.（2015）では、女性および神学部生におけるコーリング志向の強いことが示されている。Shin et al.（2014）は、米韓の大学生のうち専攻が自分の希望とは異なる度合いが高いものほどコーリングが低い事実を明らかにした。

　動機づけの認知枠組みをコーリングの先行要因として検証した研究として、Creed et al.（2015）がある。この研究は、発達心理学における目標志向性の二重過程モデルに着目した。このモデルでは、目標を自分のものとして自分をそれに向かわせようとする同化（assimilation）、目標を再定義して自分がそちらに向かえるようにする調節（accommodation）という 2 つの目標志向性が並行して機能することを指摘する。前者は目標への従事（エンゲイジメント）をもたらすが、後者はそれとは目標からの離脱（ディスエンゲイジメント）をもたらす。キャリアにおける目標への従事はコーリングに正の影響をもたらし、目標からの離脱は負の影響をもたらすという仮説が、オーストラリアの大学の 1 年生218人より得られた定量的データの分析によって支持された。

　Zhang et al.（2017）は、中国の大学生を対象とした 3 波の継時的定

量調査をつうじて、仕事にかかわる自己概念のうち未来と結びついている側面として定義される未来仕事自己（future working self）がコーリングに影響を与えるプロセスを明らかにした。第1時点での未来仕事自己が、第2時点での生活満足を経由し、第3時点でのコーリングに影響を与えることが明らかにされた。

　生涯におけるコーリングの形成や変化を長期的にとらえる研究には、以下のようなものがある。Loder（2005）はライフコース社会学のアプローチにもとづき、シカゴにおける20人のアフリカ系アメリカ人女性へのインデプス・インタビューをつうじて、現在校長職にある彼女らのキャリアが彼女ら自身によってどのように描写されるかを調査し、分析した。回答者が市民権運動以前に生まれたか、それ以後に生まれたかで、キャリアの描写に顕著な相違が見られた。市民権運動以前の世代の回答者は、教職に就いた当時は職業選択の可能性が極めて限定されており、「夢の実現が延期された」と感じていた状態からキャリアをスタートしたが、現在にいたっては教職を「コーリングである」と位置づけていた。これにたいし、市民権運動以後の世代の回答者は、自らのキャリアを「機会のドアを開く」流れとして位置づけていた。これらの結果から、ローダーはマイノリティであるアフリカ系アメリカ人女性が、職業選択の機会がきわめて制限された社会構造のもとで、自分の夢ではないが仕方なく教職に就いたことが、その後神の召命を教職に見出すという結果にむすびついたと結論づけている。すなわち、構造的あるいは主観的な職業選択上の障壁や制限が、長期的にはコーリングにつながりうることが示唆されている。

　Cremen（2018）はユング心理学の立場から、中年期の危機におけるコーリングの出現過程を、インデプス・インタビューにもとづくデータの分析および解釈をつうじて明らかにした。キャリアの節目後の世界におけるイニシエーション（通過儀礼）の過程と並行し、暗黒、中断、混乱といった特徴をもつ事象をつうじて、被験者がコーリングの感覚を形

成していることが論じられている。

　上記のようにライフコースやライフサイクルに着目するアプローチで
は、障壁や困難な経験がコーリングの醸成に寄与しているという結論を
導く傾向があるが、これとは対照的なアプローチの介入実験研究も存在
する。Harzer and Ruck（2016）では就業者にたいして、ポジティブ心
理学にもとづく個人特有の強み（signature strength[*18]）を活用するよ
うながすウェブベースの介入プログラムを実施し、その後のコーリング
と生活満足の変化を 6 か月にわたって追跡した。実験群は統制群と比較
して、一貫して両変数のスコアが向上した。強みを活かす前向きな外部
からの働きかけが、コーリングの向上に寄与することが示唆されている。

3.3.2　同時関連要因

　コーリングに同時に関連すると考えられる要因としては第 1 に、キャ
リア成熟（career maturity）にかかわる諸概念があげられる。キャリ
ア成熟は、個人が直面するキャリア発達上の課題にたいするそのひとの
レディネスと定義される（Super, 1984；坂柳，1999）。キャリア成熟の
概念は、発達上の青年期における職業選択にかんする研究をつうじて構
成されてきたものである。したがってその関連概念についても、主とし
て大学生を対象とした調査研究において、コーリングとの関係が検証さ
れている。Duffy and Sedlacek（2007）では、3,000 名以上の大学 1 年
生より得られた定量的データの分析から、コーリングの存在はキャリア
決定性やキャリア選択への安心感（career choice comfort）と強く相関
することが示されている。Domene（2012）は、カナダの大学 1・2 年
生 855 名のデータから、キャリア成果の見積もり（career outcome
expectations）が、自己効力感を媒介要因としつつ、コーリングによっ
て左右されることを明らかにしている。Hirschi and Herrmann（2013）
はドイツの大学生を対象とした時系列的分析によって、コーリングが
キャリア準備度（career preparation）に相互（reciprocal）に影響を与

えることを見出した。Xu and Tracey（2017）では、学生にとってのコーリングの存在[*19]がキャリア決定曖昧さ耐性（career decision ambiguity torelance）の構成要素である自信に正のインパクトを与えていることを明らかにしている。Douglass and Duffy（2015）は330名の学生からのデータをもとに、コーリングとキャリア決定自己効力感（career decision self-efficacy）との関係に、キャリア・アダプタビリティ[*20]（career adaptability）の構成要素が媒介することを導いている。

　第2には、領域満足（domain satisfaction）およびウェルビーイングに含まれる諸概念があげられる。前者には学生にとっての大学生活の満足（academic satisfaction）、就業者にとっての職務満足（job satisfaction）、キャリア満足（career satisfaction）、後者には生活全般への満足（life satisfaction：生活満足）が含まれる。Duffy et al.（2012a）は大学生472名よりのデータをもとに、コーリングが生活の意味づけ（life meaning）および大学生活の満足を経由して生活満足へ影響することを明らかにしている。Allan and Duffy（2013）は350名の学生よりのデータから、個人特有の強みとその活用がコーリングによる大学生活の満足や生活満足への影響の調整要因となっていることを見出した。Duffy et al.（2017）は人種・雇用形態・階級横断的な成人746名への調査をもとに、コーリングの知覚が生活の意味づけまたはコーリングに就いているという実感に媒介されて、さらにその媒介効果がコーリングへの動機づけ（calling motivation）に調整されつつ、生活満足に影響していることを示した。

　アジア地域における調査研究にも以下のようなものがある。Xie et al.（2016）は中国の大企業の正規従業員832名より時間差技法で収集したデータを分析し、コーリングがキャリア・アダプタビリティを経由してキャリア満足に影響を与えていることを見出した。Choi et al.（2017）は韓国海軍の既婚兵士195名からのデータをもとに、コーリングが仕事－生活の充実（work-life enrichment）を経由して生活満足に影響する

ことを明らかにしている。

　コーリングとの同時関連要因を探る研究はおおむね心理学を背景とし、探索的な定性的調査をおこなうことはあっても、定量的データの分析にもとづく仮説検証が主流をなしている。そのなかで社会学なアプローチをとる経験的研究として、Beadle（2013）がある。ビードルは業界の状況が悪化しているにもかかわらず事業を維持している、イギリスの伝統的な巡業サーカスのオーナーおよび監督 6 名にライフストーリー・インタビューをおこない、対象者のコーリングの感覚と、ビジネスを継続すべきという恒常の美徳（virtue of constancy）との関係を記述的に明らかにした。この記述からビードルは、個人の道徳概念であるコーリングが、組織の道徳概念である恒常の美徳なしに実現できないものとなっていると論じ、個人のコーリングがどのような制度のもとに実践を体現して（practice-embodying institutions）いくのかが今後明らかにされていくべきだと主張している。

3.3.3　後続要因

　本研究は経営学的視点を基礎としているので、仕事成果（work outcomes）についてはコーリングの後続要因と位置づけることにしたい。職務満足については、ライアン・ダフィらによる複数の実証研究で一貫してコーリングによる影響が確認されている。Duffy et al.（2011；2012b）では研究大学勤務者 370 名や就業者 201 名よりのデータをもとに、キャリア・コミットメントを媒介したコーリングによる職務満足への影響が示された。Duffy et al.（2013）では就業者 533 名よりのデータをもとに、コーリングの知覚がコーリングに就いているという実感（living a calling）経由で職務満足に影響を与えていることが明らかにされた。Duffy et al.（2014a）では同様の仮説が、継時的調査データの分析によって検証されている。

　職務満足以外の職務態度のうち、コーリングによる組織への愛着

(organizational attachment) や組織コミットメント (organizational commitment)への影響を検証した研究には、以下のようなものがある。Carador et al.（2011）や Duffy et al.（2011）では、コーリングがなんらかの媒介要因をへて組織への愛着や組織コミットメントに影響を与えていることが明らかにされている[*21]。Rawat and Nacavulal（2015）では保育所職員 298 名よりのデータにもとづき、参加型意思決定の度合いが高いばあい、コーリングがより顕著に組織コミットメントに影響するというマネジメント的な含意を導出している。Neubert and Halbesleben（2015）は職務満足を調整要因と位置づけ、これが高いばあい精神的なコーリングが組織コミットメントにより高いインパクトを与えることを、成人 771 名のデータ分析より示している。仕事への積極的な姿勢を示す概念であるワーク・エンゲイジメント（work engagement）については、まだ研究が少ないが、Hirshi（2012）や Xie et al.（2017）においてコーリングが直接、またいくつかの媒介要因経由で、ワーク・エンゲイジメントに影響を与えていることが示されている[*22]。

　職務態度との関連を検証する研究と比較して、職務行動との関連を検証する研究はやや遅れをとっていると評価される。組織のための自発的な役割外行動である組織市民行動（organizational citizenship behavior）については、Park et al.（2015）や Xie et al.（2017）において、なんらかの媒介要因経由でコーリングによる影響が認められている[*23]。職務そのものではなく、それが機能するための環境づくりを示す行動と定義される（田中，2004）文脈的業績については、前述の Rawat and Nadavulakere（2015）において、仕事の自由裁量の高さと参加型意思決定の高さが、コーリングによる文脈的業績の向上を相乗的に調整することが明らかになっている。

　Berg et al.（2010）は、コーリングがありながらそれに就けていない状態を片思いのコーリング（unanswerd calling）と位置づけ、個人が自分の仕事をよりやりがいのあるものにするために、仕事への認知や行

動を主体的に変えて行く過程としてのジョブ・クラフティング（job crafting）との関係を検証した。コーリングに片思いをしているひとは、仕事や余暇における（レジャー・クラフティング）さまざまな主体的変革活動をおこない、両思いのコーリングの状態に近づこうとする傾向が明らかにされた。

定性的アプローチによって、コーリングによるストレスへの対処行動への影響を明らかにした研究として、Oates et al.（2005）がある。学界に所属するクリスチャンの母親32人に対する調査で、仕事と家庭との役割間葛藤への対処にコーリングがどのようにかかわっているかが探究された。その結果、コーリングが多様な役割におけるタスクや目標への強いコミットメントを生み、多様な役割を共に果たすことを促進し、多様な役割を果たすことに目的を持たせる機能を有していることが明らかになった。これらの機能によってコーリングはストレス対処のための資源となりうることが導かれている。定量的調査研究としては、Duffy et al.（2015）が非自発的失業者におけるコーリングの知覚はコーリングへの動機づけを経由して失業への対処行動に正の影響を与えていることを明らかにしている。

3.4　今後の展望

3.4.1　コーリングの影響の両義性の解明

これまで、コーリングが仕事にかかわる、または生活全般における態度や行動に基本的には好ましい影響を与えるという知見を示す研究をレビューしてきた。しかしながらコーリング研究は他方で、その好ましくない影響の存在をも指摘してきた。Duffy and Dik（2013）はこの影響全般を暗黒面（dark side）と呼んでいる。コーリング研究の今後の方向性として、この暗黒面の解明が求められていることを強調しておこ[*24]う。

　個人内過程におけるコーリングによる影響の両義性を検討したものには、以下のような研究がある。Lysova et al.（2018）は大学同窓生582名と大学生650名のデータ分析をもとに、コーリングが一方で先取り志向の専門職としての自己成長（proactive professional development）をうながし、エンプロイアビリティを高めるというプロセスと、他方でコーリングがキャリアの柔軟性を失わせ、エンプロイアビリティを低めるというプロセスとが二重に機能していることを明らかにした。Clinton et al.（2017）はイギリスの牧師193名より得られたデータをもとに、コーリングへの集中（calling intensity）が朝の活力に直接正の影響を与えるいっぽうで、それが夕刻の仕事からの心理的距離をとること（psychological detachment）を阻み、夜の睡眠の質を下げ、朝の活力に負の影響をも与えることを検証した。

　コーリングがありながらそれに就くことが実現できていない状態が仕事や余暇面での創意工夫（クラフティング）を促進することはすでに示した（Berg et al., 2010）が、その問題を示した研究もある。Gaza and Spector（2015）は大学教育研究職（ファカルティ・メンバー）378名のデータをもとに、片想いのコーリング（unanswered calling）のひとは、コーリングに就けている（両想い）ひととはもちろん、コーリングのないひとと比較しても、身体的・心理的に有意に不健康な傾向があることを見出した。コーリングをもつことは、それについていることが実感できないと、かえって害となってしまうのである。[*25]

　組織要因との関連でコーリングの両義的な問題を示したのはBunderson and Thompson（2009）である。バンダーソンとトンプソンは動物園飼育員への定性的・定量的調査をつうじて、新古典的なコーリングがもつ「諸刃の剣」の問題を見出した。このようなコーリングの高いひとは、職業的同一性が高く、それが仕事の有意味性や職業の重要性の知覚につながっているという側面が明らかになった。他方で、コーリングが義務感を高め、それがすすんできびしい労働条件を受けいれるよ

うな自己犠牲を払おうとしたり、組織におけるさまざまな義務を過剰に負ったりする傾向を強めていることが明らかになった。バンダーソンとトンプソンはこの諸刃の剣メカニズムにマネジメント要因がかかわっていることを示唆している。

　また、Dobrow and Tosti-Kharas（2012）は「視野狭窄（tunnel vision）」と呼ぶ問題を指摘している。これは、コーリングが高いあまり、現在の仕事が自分に向いているはずだと盲目的に信じ込み、他の仕事の可能性について極度に考えなかったり、まわりの指導や助言に耳を傾けなかったりする状態をさす。この研究では、音楽家志願のアマチュアにたいする時系列的調査から、被験者のうちコーリングの高いひとが一貫して、そのコーリングを否定するようなフィードバックを、たとえ信頼するメンターからのものであっても、受けいれない傾向が強かったことを明らかにしている。

　Cardador and Caza（2012）は、上述のようなコーリングの展開を「不健全なコーリングの追求（unhealthy pursuit of calling）」と位置づけ、関連概念についての研究レビューもあわせつつ、健全な転職の追求との対比をおこなっている。カルダドールとカザによれば、これらを分ける要因は積極的で豊かな人間関係である。積極的な人間関係とは、互恵性があり、個人の発達や成長をうながすような関係である。コーリングの高いひとが職場内や組織内でこのような人間関係に恵まれていれば、好ましい成果につながる。他方で、消極的な人間関係とは、そこにいるひとに報いがなく、発達や成長が妨げられるような場を意味する。コーリングの高いひとがこのような人間関係におかれると、関係に軋みが生じ、そのひとは他者から孤立し、好ましくない成果を導いてしまう。以上のような議論は、コーリングの帰結を個人内過程においてのみではなく、関わりあいにもとづく視点（relational perspective）から論じるという特徴があるといえる。

　コーリングの両義性の存在の検証は、たんに関連変数の探索にとどま

らず、マネジメント的な含意を得るために有用なアプローチであると考えられる。すなわち、どのようなマネジメント上の関与が、個人のコーリングの光明面をより高め、暗黒面を回避できるのか、それを説明する基礎理論の検討もあわせて、今後も求められているといえよう。

3.4.2　日本における研究

　日本におけるコーリング研究は、欧米以上にまだまだ端緒段階にすぎないと位置づけられる。三宅（2016）は、欧米におけるコーリング概念と日本における天職概念との異同についての歴史的検討をおこなっている。三宅は、とくにコーリング概念のもっとも重要な構成要素である召命との関連について、鈴木正三の仏教による天職観や石田梅岩の儒教にもとづく天職観を分析している。両者に召命そのものの要素はないが、絶対者の命令にもとづく個人の自覚があってはじめて天職となるという考え方が共通している点が指摘されている。日本においても、伝統的な天職観と Bunderson and Thompson（2009）のいう新古典的なコーリングとの共通性が見られることを示唆している点で、興味深い議論である。

　他方で、安藤（2017）は、コーリングから召命的要素や利他・向社会的要素を除外した現代的定義（Dobrow and Tosti-Kharas, 2011）と労働の「プレイ化」との共通性を指摘している。労働のプレイ化とは、労働自体が目的化し、その意味から集団に関わる部分を切り落として、過剰な個人化がなされることをさす（杉村, 1990）。安藤はキャリア教育の文脈において、近年の若者はこのプレイ化に共感する傾向があるのではないかと論じている。

　経験的研究については、3.2.2. でとりあげた柏木（2015）のほか、古田（2018）は、コーリング尺度をもちいて大学生（610 名）がどのような活動に意味を見出しているかを検討した。クラスター分析の結果、「すべての活動に意味深さを感じない学生」「サークルにのみ意味深さを感

じる学生」「すべての活動に意味深さを感じる学生」「勉強とアルバイトに意味深さを感じる学生」の4タイプが抽出されている。また、性別および学年別の傾向についても分析がなされている。日本におけるコーリングについての経験的研究が、現段階ではほぼ大学生から得られたデータにもとづくものに限られている。就業者を対象とした希少な研究は、消防官におけるコーリングと仕事にかかわる自尊心、および組織内の違反行動との関係を検証した岡本ほか（2006）にとどまる。[*26]今後はさまざまな職業や組織を対象としたものが強く求められているといえよう。

小括

　本章のむすびにかえて、キャリア論におけるコーリング概念の特徴について要約しておきたい。Dik and Duffy（2009）などをもとに以下のような議論が展開できる。第1に、コーリング概念の基礎となる有意味感についてである。コーリングにおいて人間は、意味生成する有機体としてとらえられる。この前提をもとに個人は、意図性、未来志向性、自己調整性、自己内省性をもちうる能動的エージェントとして位置づけられる。さらに個人は、社会において多様で複雑に相互作用しあう生活役割（有償無償のもの双方を含む）の集合体を演じる存在とされる。すなわち、社会とかかわり役割期待を遂行しつつ、その意味を能動的・積極的に追求する人間観がコーリング概念の基盤となっている。

　第2にコーリングがもつ利他的側面、あるいは向社会的側面である。キャリア論におけるコーリング概念は、ベラーらが専門職団体にとどまらず、宗教組織や地域のコミュニティなど、さまざまな公式非公式なつながりをつうじて、個人がなんらかの公共的・全体的存在への貢献を実感できると議論した影響を強く受けている。したがってもっぱら個人主義的な視点ではなく、まわりのひとやより大きなまとまりへのつながりとそれらへの貢献、あるいは利他的な姿勢や行動を重視する。

　第3にコーリング概念、とくに古典的定義や新古典的定義にもとづく研究では、個人の自由意志、能力や選択の影響のおよばない存在とその影響を認める点が指摘される。この点については、コーリングが歴史的に召命という構成要素を有してきたという伝統的側面に加えて、今後個人のキャリアをめぐる変化や不確実性が高まる中で、それらへの対処のあり方をも示しているといえよう。その意味でコーリングと計画された偶発性（planned happencetance）との共通性が指摘できる。計画された偶発性の理論（Mitchell et al., 1999 ; Krumboltz and Levin, 2004 ; Krumboltz, 2009）においては、個人のキャリアは不断の学習プロセスととらえられている。キャリアをめぐる偶発的な事象をいかに広く深い学習に活かすかという視点から、好奇心、持続性、柔軟性、楽観主義、リスク・テイキングといった技能を個人が有することで、キャリア上の機会を導く可能性が高まるとされている。コーリング概念はこれにたいして、キャリアにおいて自分の意思決定能力のおよばない諸事象の存在を認めながらも、それをいかに能動的・積極的に意味づけるかに主眼がおかれているといえよう。超越的召喚は、CVQ の項目において「導かれた」とか「自分を超えた何か」といった表現がもちいられているが、それは偶然にたいし、自分なりの意味づけとしてなんらかの主観的な必然を見出すプロセスの結果であれば、その主語は唯一神でもよいし、地縁血縁でも、その他のひとやできごととの出会いでもよいのである。以上の文脈でコーリングは計画された偶発性の理論と同様に、流動的で不確実性の高い現在から今後のキャリアの状況を乗り越えようとするひとにたいしての資源となりうる、古くて新しい概念であるといえよう。

＊4　QDA および EDA は一般的な定量的内容分析と比較して、発見、構成概念／モデルの妥当性を追求するべく、絶えず調査設計を反復する手法である。その特徴については Altheide（1987）などを参照のこと。

＊5　Ryan and Deci（2001）によれば、心理的に最適な機能や経験を示すウェルビーイングには、ヘドニック（hedonic）な側面とユーダイモニック（eudaimonic）な側面とがある。前者は喜びや幸福感をもたらすものであり、後者はウェルビーイングを主観的な幸福感そのものからは切り離して、自分自身が価値あると考えることと一致した活動をおこなうことでもたらされるウェルビーイングである。

＊6　「それは何を意味しますか？」などという問いを重ねていくことで、個人がもつ構成概念（個人的構成体：personal construct）を特定していく手法。端緒となった研究として Hinkle（1965）が知られている。

＊7　キャリア・エンゲイジメントとは、「そのひとのキャリアにたいする目下の情緒的および認知的なむすびつき（connection）であり、そこにおいてひとは仕事やその他の生活上の役割にかかわる諸活動に焦点があてられ、活力が導かれ、喜びがもたらされる」と定義される（Pickerell, 2013）。

＊8　ハーシや柏木による仕事価値観の分析の基本となっているのはシュワルツの価値モデル（Schwartz, 1992）である。ここでは 10 個の動機づけ価値が上位の 4 象限に布置される。このセクションで示されているカテゴリは 4 象限に対応している。

＊9　仕事中心性とは、個人にとっての仕事の全般的な重要性と定義される。（England and Misumi, 1986）

＊10　ワーク・コミットメントは、プロテスタントの仕事倫理（PWE）、ジョブ・インバルブメント、組織コミットメント（情緒的・継続的）、キャリア・コミットメントを含めた包括的な概念である（Morrow, 1993）。そのうち、ジョブ・インバルブメントは、個人による自我同一性と自分の職務とを融合させることと定義される（McKelvey and Sekaran, 1977）。

＊11　キャリア・サリエンスは、仕事とキャリアの知覚された重要性と定義される。（Greenhaus, 1971）

＊12　パーソナル・エンゲイジメントは、ひとが「好ましい自己（preferred self）」としてつとめふるまうことで、タスク行動が仕事や他者とのむすびつきを促進し、個人の存在感を高め、活動的で十全な役割遂行をもたらすものと定義される。

＊13　心理的有意味感は、自己の肉体的、認知的、あるいは情緒的なエネルギーを投資するにみあうだけの見返りが得られるという感覚と定義される。（Kahn, 1990）

＊14　仕事にまつわる意味（meaning）とは、個人がそれをどのように解釈し、理解したかのアウトプットを示す。これにたいして有意味性（meaningfulness）とは、そのような意味づけの内容に関わらず、それ（仕事）が個人にとっていかに意義があるか感じられている程度を示す（Pratt and Ashforth, 2003）。

＊15　職場の精神性とは、仕事の過程をつうじて、従業員が他者と充足と楽しさの感覚をもたらすかたちで結びついているという感覚をもたらす超越的な経験を推し進める文化としてあらわれる、組織の価値の枠組み、と定義される。この枠組みの構成要素として、慈悲（benevolence）、世代継承性（generativity）、人間主義（humanism）、統合性（integrity）、公正（justice）、互恵性（mutuality）、受容性（receptivity）、責任（responsibility）、信頼（trust）がある（Jurkiewicz and Giacalone, 2004）。

＊16　具体的には、コーリングよりも基礎的とみなされる認知枠組みや自己概念関連の要因については同時関連要因としてではなく、先行要因として整理した。

＊17　仕事の意思作用とは、さまざまな制約が存在しても、キャリア選択を体現しその自

由を有していると個人がもつ感覚と定義される。

* 18　個人特有の強みとは、ポジティブ心理学における強み尺度（典型的には知恵と知識、勇気、愛と人間性、正義、節度、精神性と超越といった 6 カテゴリで構成される）のうち、個人が充実し満足した生活を送るために決定的なものを指す（Seligman, 2002）。

* 19　この研究は、コーリングを 3.2.3. で検討した Brief Calling Scale で測定している。簡易的な定量尺度であるので、学生のコーリングの内容に深く立ち入ることはできないが、就業前の段階において特定の職業にコーリングを見出しているかが測定されていると考えられる。

* 20　キャリア・アダプタビリティとは、計画、探求、および意思決定をつうじて、個人のキャリアをめぐる状況の新奇性や変化に適合する能力と定義される（Savickas, 1997）。

* 21　これらの研究については、5.1.1. であらためて検討する。

* 22　これらの研究については、7.1.1. であらためて検討する。

* 23　これらの研究については、5.1.3. であらためて検討する。

* 24　コーリングがもつ両義性をディスコース分析の視点から論じた研究としては Beukelaar and Buzzanell（2014）があるが、本研究においては委細をとりあげることはしない。

* 25　この点について、Duffy and Autin（2013）は仕事の意思作用と知覚された組織によるサポートが、Hirschi et al.（2018）は、タスク有意味性（task significance）や自律性（autonomy）といった職務特性が、コーリングを有しているひとにとっての資源となり、コーリングに就くことにつながることを明らかにしている。

* 26　この研究については、6.1.2. であらためて検討する。

第4章

調査の設計

本章では次章以降の経験的分析を展開するにあたり、前々章および前章における先行研究のレビューと今後の展望をうけて、コーリングをどのように定義するのか、何を解明すべき課題とするのかを示す。

4.1　本研究におけるコーリングの定義

前章までのコーリング研究をうけ、次章以降で経験的研究を展開していくにあたり、コーリングの操作的定義を暫定的に示しておきたい。暫定的定義というのは、3.2.で論じたように、コーリングの定義、概念構造、および尺度について、これまではいまだに定式化がなされていないので、当面の経験的分析に耐える定義を事前におこなうという意味である。

本研究におけるコーリングの定義は「自分を超えた存在や、人生の目的、社会への貢献などとむすびつけて能動的に意味づけられた、使命性をともなう職業観またはキャリア観」とする。この定義は以下のような特徴がある。第1に、先行研究におけるコーリングの定義には、それを心理的状態と位置づけるもの（Dobrow and Tosti-Kharas, 2013）と、認識（Bellah, et al, 1985；Wrezniewski et al., 1997；Hall and Chandler, 2005）やその枠組み（Dik and Duffy, 2013）と位置づけるものとがある。本研究では、コーリングは心理的状態よりは安定的な性質をもつ認識あるいはその枠組みとみなすことにしたい。

第2は、自分を超えた存在を認めるかどうか、すなわち前章で検討した新古典定義あるいは現代的定義のいずれにたつかという問題である。この点については、前章でも紹介したが、日本においても自分より上位の存在よりの命ずるところにより天職に就くという考え方が伝統的に存在したという三宅（2016）の指摘も踏まえ、新古典的定義の立場をとることにしたい。

第3はコーリングを単一次元構造とみなすか、複数の下位次元を認めるかという問題である。本研究は、日本における経験的研究がまだほと

んどなされていないことを考慮して、この点にしては保留としたい。測定尺度についても、先行研究においては多次元を認めるものと単一次元のものとがあるが、本研究ではどちらのものも探索的にもちいることにしたい。第 5 章および第 6 章おいては、欧米での実績が相対的に高い CVQ（Dik et al., 2012）をもとに測定している。第 7 章については、日本での実績がある岡本ほか（2006）の単一次元尺度をもとに測定している。

4.2　経験的分析において解明すべき課題

　本研究における経験的分析はいずれも、これまで日本におけるコーリング研究の実績のない、営利企業または事業所の従業員を対象としている。また章ごとに調査対象となった企業・事業所または職業はすべて変え、多様な状況におけるコーリングのあり方をさぐっている。

　理論的には、先行研究のレビューと今後の展望をもとに、以下の 3 つを焦点とする。第 1 に、コーリングと職務行動との関係を検証することである。先行研究では、コーリングと職務態度との関連の研究は比較的豊富であるが、行動面にまで着目した研究は少ない。本研究第 5 章では、コーリングが職務態度を経由して職務行動に影響を与えるという枠組みを構築し、これを検証する。

　第 2 は、コーリングと組織や職場の倫理のマネジメントとの関連の検証である。コーリングがその概念の成立母体を仕事倫理としていること、マネジメントの確立期に労働者倫理にもとづく仕事観（コーリング）と、プロフェッショナルとしての経営者倫理とが相互にかかわりあっていたことは第 2 章で、経営者のコーリングと組織のモラル（美徳）との関連をさぐる経験的研究（Beadle et al., 2013）の紹介は第 3 章でおこなった。しかし成員のコーリングが職場や組織のモラル・マネジメントにどのような影響を与えるのかの研究はこれまでなされていない。本研

究第6章では、自動車販売職におけるコーリングと、道徳的側面を有する職務行動志向との関係を検証する。

　第3は、コーリングがもつ両義的影響をそのプロセスと基礎理論とともに検証することである。コーリングが一意的に好ましい影響を有するのではなく、その光明面を高め、暗黒面を回避するかがマネジメント的な含意導出の近道であろうという点は、前章で指摘したとおりである。本研究第6章では、職業威信概念と道徳的自己調整理論に着目して、コーリングが職務行動志向に与える両義的影響を検証する。また第7章では、コーリングが仕事にたいする好ましい姿勢であるワーク・エンゲイジメントと、対照的なワーカホリズム双方に影響を与えることを、職務要求－資源理論と衡平理論を基礎として検証する。

第5章
コーリングと職務態度、および組織市民行動との関連：雇用区分に着目して[*27]

本章の目的は、これまでの検討が少ないコーリングと職務行動との関係を実証的に明らかにすることである。先行研究においてコーリングと職務態度、および職務態度と職務行動との関係の検証は数多くおこなわれており、本章ではこれらの知見をあわせて、統合的なモデルを実証的に提示する。目的変数となる職務行動としては、組織市民行動（organizational citizenship behavior）をとりあげる。また、先行研究において所属組織、職業、その他の諸属性を横断的に展開する広範な定量的調査が多いのにたいして、本章での経験的分析は1社における調査データをもととしていることに特徴がある。組織成員の諸属性のうち、雇用区分に着目して、コーリング、職務態度、および職務行動との関係について異同を明らかにし、考察をおこなうことにしたい。

5.1 仮説の導出

5.1.1 コーリングと職務態度

コーリングは職務態度に基本的には好ましい影響を与えることが実証的に示されてきた（Duffy et al., 2012b；2013；2014；2016）。本章で取り上げる職務満足への影響については、コーリングが仕事への意味づけを促進するので、職務への満足度が高まるという論理の検証がこれまでの流れである（Duffy et al., 2011；2013；Duffy and Dik 2013）。また、コーリングが組織コミットメントに与える影響については、大きく2つの論理が検証されている。そのひとつは、コーリングがキャリア・コミットメントを高め、それに媒介されて組織コミットメントを高めるというものであり、研究大学勤務者370名よりのデータ分析をもとに明らかにされている。（Duffy et al., 2011）。キャリア・コミットメントは一般的に、専門性を含めた自分の職業への態度と定義される（Blau, 1985）。キャリア・コミットメントおよび組織コミットメントはともに、仕事についての包括的な概念であるワーク・コミットメントの要素と位置づけられ

（Morrow, 1993）、日本においても実証的に関連が指摘されている（石山，2010；平岡ほか，2014）。

　コーリングが組織コミットメントに影響を与えるもう1つの論理は、個人が自分のキャリアを実現するためにこの組織に所属することが必要だ、あるいは有用だと知覚されたばあい、組織への結びつきを強めるというのものである。これは目標促進理論（goal facilitation theory）[*28]を基礎とした組織手段性（organizational instrumentality）という概念として定義がなされ、コーリングによる組織への愛着（organizational attachment）への影響を媒介することが、医療従事者364名よりのデータ分析をつうじて検証されている（Cardador et al., 2011）。本章においてもこれらの知見にしたがい、コーリングが職務態度に正の影響を与えるという仮説を提示する。組織コミットメントについては、本章ではとくにその情緒的側面に着目することにしたい。

仮説1　コーリングの諸要素は職務態度に正の影響を与える。

仮説1ａ　コーリングの諸要素は職務満足に正の影響を与える。

仮説1ｂ　コーリングの諸要素は情緒的コミットメントに正の影響を与える。

5.1.2　職務態度と組織市民行動

　組織市民行動は一般に自由裁量的で、公式的な報酬体系では直接的ないし明示的には認識されないものであるが、それが集積することで組織の効率的および友好的機能を促進する個人的行動と定義される（Organ et al., 2006）。組織市民行動は職務態度のうち、職務満足との関連が、概念成立初期のころからなされ、有意な関係が経験的に示されてきた（Bateman and Organ, 1983）。また組織コミットメントについても同様に、とくにその情緒的側面が組織市民行動に影響を持つことが明らかにされてきた（Kim and Mauborgne, 1993）。職務満足、組織コミットメ

ント、および組織市民行動の3者間の関係については、大きくわけて以下の3つのモデルが経験的に検討されている。第1は統制モデルである。Williams and Anderson（1991）では、職務満足と組織市民行動との関連が統制されているばあい、組織コミットメントと職務満足とに有意な関係はなく、対照的に組織コミットメントと組織市民行動との関係が統制されているばあい、職務満足が組織市民行動に正の影響を与えることを明らかにしている。第2は、独立モデルである。西田（1997；2000）では、職務満足および組織コミットメントが独立して組織市民行動に正の影響を与えることが示されている。第3は、媒介モデルである。これは、職務満足が組織コミットメントの先行要因であるという議論（開本，2005；平岡ほか，2014）を基礎として、職務満足が組織市民行動にたいして直接に、および組織コミットメントに媒介されて間接に組織市民行動に影響を与えるとするものである。Prasetio et al.（2017）ではインドネシアの州立銀行員320名よりのデータをもとに、媒介モデルが検証・支持されている。本章でもこのような近年の展開をうけ、媒介モデルにもとづく仮説を提示することにしたい。[*29]

　なお、組織市民行動の概念構造については、複数の下位次元からなるという指摘が一貫してなされてきた。たとえば、Organ et al.（2006）による下位次元は、援助（helping）、従順性（compliance）、スポーツマンシップ（sportsmanship）、市民道徳（civic virtue）、組織忠誠心（organizational loyalty）、自己開発（self development）、および個人自発性（inidividual initiative）の7つである。これらのうち、本研究では、対人的な直接的行動を示す援助と、全体への関心にもとづく市民道徳という対照的な2カテゴリの行動に焦点をあてることにしたい。

仮説2　職務態度は組織市民行動に正の影響を与える。
仮説2a　職務満足は組織市民行動に正の影響を与える。
仮説2b　情緒的コミットメントは組織市民行動に正の影響を与える。

仮説2ｃ　情緒的コミットメントは、職務満足と組織市民行動との関係を媒介する。

5.1.3　コーリングと組織市民行動

　コーリングと職務行動との関係についての実証研究は比較的少なく、今後の課題として提示されている（Elangovan et al. 2010；Duffy and Dik, 2013）が、興味深いことに、コーリングと組織市民行動との関係の検証は東アジアにおいて先行している。Park et al.（2015）は韓国の販売員より得られたデータの分析にもとづき、コーリングの知覚が職業的自己効力感（occupational self-efficacy）に媒介されて、組織市民行動に影響を与えることを示している。また Xie et al.（2017）は、先述の Cardador et al.（2011）と同様に目標促進理論にもとづき、組織の手段性に媒介されて、コーリングが対組織的市民行動（OCB-O）に影響を与えることを、中国の省立銀行員より得られたデータの分析をつうじて明らかにしている。

　本章が提示しようとするモデルは、コーリングが職務態度に媒介されて組織市民行動に影響を与えるというものである。また、コーリングによる組織市民行動への直接の影響については、双方の概念が基礎としている向社会性、利他性に着目する。第3章でみたように、コーリングの概念構造を探る多くの研究で（Dik and Duffy, 2009；Elangovan et al., 2010；Hunter et al., 2010；Zhang et al., 2015）は、一貫してその構成要素に利他性や向社会性を含んでいる。同様に、組織市民行動も利他性や向社会性を基礎としている（Organ et al., 2006）。Park et al.（2015）や Xie et al.（2017）ではコーリングの構成要素がそれぞれ組織市民行動にどのような影響を与えるのかについて充分な検討がなされていないが、本章ではコーリングの構成要素のうち利他性や向社会性を含む因子が組織市民行動に強い正の影響を与えるという仮説を提示することにしたい。

仮説 3　コーリングの諸要素は組織市民行動に正の影響を与える。

仮説3ａ　コーリングの諸要素は、職務態度を媒介して組織市民行動に正の影響を与える。

仮説3ｂ　コーリングのうち、利他性あるいは向社会性を含む要素は組織市民行動に直接の正の影響を与える。

5.2　経験的分析

5.2.1　データと調査項目

　2014 年 4 月に、東日本を本拠とするサービス業 A 社における従業員を対象として配布・回収された質問票 525 部をもとに分析する。[*30] 本調査の質問票は人事担当者をつうじて配布・回収された。確実に回答が得られる従業員にのみ配布をおこなったため、回収率は 100 ％である。回答者の内訳は、男性 40.79 ％、女性 56.04 ％であった。平均年齢は 42.70 歳（標準偏差：11.31）、平均勤続年数は 9.21 年（標準偏差：7.84）であった。正規社員比率は 50.00 ％であった。主任以上の管理職比率は 20.59 ％であった。

　本章における調査項目は以下のとおりである。コーリングについては Dik et al.（2012）における CVQ を邦訳し、下位次元である超越的召喚、目的のある仕事、向社会志向に対応する各 3 項目、合計 9 項目を使用した。職務満足および情緒的コミットメントについては、鈴木（2002）および三崎（2006）を参考に、以下の 5 項目、3 項目を使用した。

　職務満足項目

　わたしの仕事は、充実感や達成感がある。

　わたしの仕事は、楽しい仕事だと思う。

　わたしの仕事は、満足できる仕事だと思う。

　わたしの仕事は、理想的な仕事だと思う。

わたしの仕事は、価値のある仕事だと思う。

情緒的コミットメント項目

わたしは、会社の問題を、まるで自分自身の問題であるかのように感じている。

わたしは、会社の一員であることを誇りに思っている。

わたしは、会社に愛着を感じている。

　組織市民行動については、Podsakoff et al.（1990）を参考に以下の8項目を使用した。

援助行動項目[31]

わたしは、不在だった（休暇・出張などで）人の手助けをしている。

わたしは、多くの仕事を抱えている人の手助けをしている。

わたしは、命令されなくても、（新入社員や異動したての）新人が職場に慣れるように手助けしている。

わたしは、周りにいる人たちには、喜んで手助けをしている。

市民道徳行動項目

わたしは、命令されなくても、重要だと思われる会議やミーティングには出席するようにしている。

わたしは、命令されなくても、この職場・当社のイメージアップにつながる行事などに参加するようにしている。

わたしは、当社の変化には、遅れないでついていくように心がけている。

わたしは、社内報やメモには目を通して、当社の動きについていくようにしている。

以上の項目については、すべてリッカート7点尺度で測定がなされた。

5.2.2　予備的分析

はじめに、コーリングについて因子分析を実施した。アプリオリ次元にもとづく確証的因子分析によって吟味したモデルの適合度が低かったため、あらためて探索的因子分析を実施した。結果は表5.1.のように示される。アプリオリには3つの次元からなる9項目より、固有値1以上を示す2因子が抽出された。

第1因子はアプリオリ次元における目的のある仕事および向社会志向

表5.1. コーリングにかんする因子分析（最尤法、プロマックス回転）

項目（アプリオリ下位次元）	目的・社会	超越
わたしのキャリアは、自分の人生の意義の重要な一部分である。（目的のある仕事）	0.871	
わたしのキャリアにおけるいちばんのモティベーションは、他者のために力を発揮することである。（向社会志向）	0.656	
わたしはいつも、自分の仕事がまわりにとっていかによいものをもたらしているかを判断しようとしている。（向社会志向）	0.642	
わたしは、仕事をしているとき、自分の人生の目的を全うしたいと思う。（目的のある仕事）	0.636	
わたしの仕事は、社会の利益に貢献している。（向社会志向）	0.517	
わたしは、自分のキャリアを、人生の目的への道筋であるとみなしている。（目的のある仕事）	0.516	
わたしは、現在の職種に導かれたきたように感じる。（超越的召喚）		0.954
わたしは、現在の職種にこだわりがあるのは、それに導かれてきたように感じるからである。（超越的召喚）		0.873
わたしは、現在の職種に、自分を超えた何かによって引きつけられたと思う。（超越的召喚）		0.529
固有値	4.671	1.086
累積寄与率	51.895	63.962
α	0.839	0.852

76

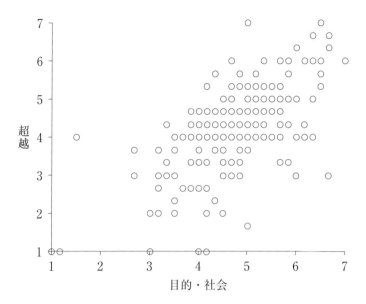

図5.1. コーリング下位因子の散布図

の6項目によって構成されている。これらの下位次元を合成した因子として理解し、目的・社会因子と名づけた。尺度の信頼性を示すクロンバックの a 係数は 0.839 であった。 6項目の平均を目的・社会因子得点として定義した。第2因子はアプリオリ次元における超越的召還の項目によって構成されており、超越因子と名づけた。a 係数は 0.852 を示した。 3項目の平均を超越因子得点として定義した。職務満足の5項目、情緒的コミットメントの3項目、援助行動の4項目、および市民道徳行動の4項目についての a 係数はそれぞれ 0879、0.723、0.772、および 0.721 と、充分に高いか、今後の分析に耐えうると判断されたので、それぞれすべての項目の平均点を職務満足得点、情緒的コミットメント得点、援助行動得点、および市民道徳行動得点として定義した。

　両因子を軸とした散布図を図5.1. に示す。目的・社会因子と比較して超越因子は反応の低さが見られるものの、低止まりしているわけではなく、一定の平均や分散の存在することが確認できる。

5.2.3　雇用区分別の構造方程式モデリング

　本章での分析は構造方程式モデリングをもちいるが、雇用区分別の分析をおこなった。なぜなら、2つの雇用区分のあいだで仕事やキャリアのとらえ方、および職務態度や職務行動との関係などに差異が生じる可能性があるためである（蔡，2010；砂口，2017）。具体的には、正規社員がコーリングを知覚しているばあい、その実現の場としての所属組織の重要性が高くなり、組織コミットメントや組織市民行動などへの影響が強くなると考えられる。他方で非正規社員のばあい、たとえコーリングを知覚しているとしても、所属組織のみがその実現の場であるという考え方は相対的に弱いため、職務満足が組織コミットメントの向上や組織市民行動の強化につながらないかもしれない。しかし他方で組織間を容易に移動できる立場でありながら、その組織における職務にコーリングを見出していることから、組織の手段性を強く認識し、組織コミットメントや組織市民行動に強い影響を与えるという対抗仮説も考えられる。以上の雇用区分の影響をふまえ、構造方程式モデリングによる分析を2通りおこなった。雇用区分別の諸変数のスコアおよび比較結果（t

表 5.2. 雇用区分別の諸変数のスコア

変数	正規社員（標準偏差）	非正規社員（標準偏差）	t
年齢	37.819 （9.847）	47.684 （10.084）	−10.213**
勤続年数	11.552 （8.560）	6.398 （5.527）	7.248**
目的・社会	4.634 （0.900）	4.373 （0.888）	3.001**
超越	4.126 （1.119）	3.872 （1.128）	2.330**
職務満足	4.888 （1.051）	4.640 （1.035）	2.450**
情緒的コミットメント	4.795 （1.000）	4.303 （0.910）	5.282**
援助行動	4.749 （0.941）	4.470 （0.941）	3.260**
市民道徳行動	4.776 （0.899）	4.730 （0.867）	0.562**

$^{*}p < 0.05$ $^{**}p < 0.01$

検定）を表5.2. に示す。

　すべての主要変数において雇用区分間の平均に有意差が見出された。年齢については非正規社員が高く、勤続年数、目的・社会、超越、職務満足、情緒的コミットメント、および援助行動については正規社員が高かった。

　つぎに、雇用区分別の諸変数の相関を表5.3. および表5.4. に示す。相関係数の差の検定を実施したところ、年齢と勤続年数、職務満足、情緒的コミットメント、援助行動、および市民道徳との関係についてそれぞれ、非正規社員が有意に高かった。勤続年数と職務満足、援助行動、市民道徳行動との関係についても非正規社員が有意に高かった。市民道徳行動と目的社会、超越との関係についても非正規社員が優位に高かったが、市民道徳行動と情緒的コミットメントの関係については、正規社員が有意に高かった。

　図5.2. のとおり、正規社員、非正規社員双方について、援助行動については想定されたモデルの適合度が十分に高い[*32]ことが示されている。正規社員および非正規社員において、すべてのパスが有意な正の係数を示

表5.3. 諸変数の相関（正規社員、$N=237$）

	1	2	3	4	5	6	7
1．年齢							
2．勤続年数	0.690**						
3．目的・社会	− 0.008**	− 0.039**					
4．超越	0.074**	0.009**	0.630**				
5．職務満足	− 0.139**	− 0.165**	0.431**	0.473**			
6．情緒的コミットメント	0.020**	0.017**	0.560**	0.552**	0.473**		
7．援助行動	− 0.018**	− 0.036**	0.575**	0.377**	0.552**	0.441**	
8．市民道徳行動	0.034**	− 0.012**	0.594**	0.375**	0.377**	0.605**	0.535**

*$p < 0.05$ **$p < 0.01$

表 5.4. 諸変数の相関（非正規社員、$N=203$）

	1	2	3	4	5	6	7
1．年齢							
2．勤続年数	0.490**						
3．目的・社会	0.144**	0.117**					
4．超越	0.157**	0.132**	0.646**				
5．職務満足	0.154**	0.178**	0.451**	0.359**			
6．情緒的コミットメント	0.215**	0.184**	0.479**	0.430**	0.596**		
7．援助行動	0.288**	0.272**	0.564**	0.432**	0.325**	0.394**	
8．市民道徳行動	0.248**	0.248**	0.735**	0.550**	0.352**	0.455**	0.594**

$^*p < 0.05$ $^{**}p < 0.01$

した。他方で図5.3. に示すように、市民道徳行動については、正規社員、非正規社員双方についてモデルの許容範囲内の適合度が示された。正規社員においてはすべてのパスが有意な正の係数を示したが、非正規社員におけるパス解析では、情緒的コミットメントから市民道徳行動へのパスについて有意な係数が得られなかった。

　仮説を吟味すると以下のとおりとなる。正規社員については、本研究における仮説がおおむね支持された。コーリングの各因子は職務態度（職務満足および組織コミットメント）に正の影響を与えていた（仮説1を支持）。また、職務満足が情緒的コミットメントを媒介して援助行動および市民道徳に正の影響を与えていた（仮説2を支持）。さらにコーリングのうち向社会志向を含む因子（目的・社会）が援助行動および市民道徳行動に正の影響を与えていた（仮説3を支持）。

　対照的に、非正規社員については、コーリングの各因子は職務満足および情緒的コミットメントに正の影響を与えていた（仮説1を支持）。職務満足が情緒的コミットメントを媒介して援助行動には正の影響を与えていたが、市民道徳行動には影響を与えていなかった（仮説2を部分

（正規社員）

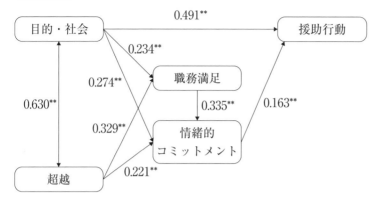

係数は標準化推定値。**$p<0.01$
$\chi^2=457.614$, df=10, $p=0.000$, CFI=1.000, RMSEA=0.000, GFI=0.999, AGFI=0.992

（非正規社員）

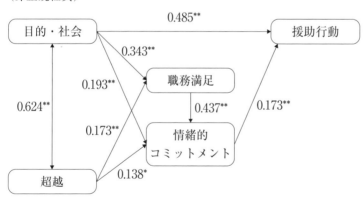

係数は標準化推定値。**$p<0.01$, *$p<0.05$
$\chi^2=364.725$, df=10, $p=0.000$, CFI=1.000, RMSEA=0.000, GFI=1.000, AGFI=0.998

図5.2. 援助行動を目的変数としたパス解析の比較

（正規社員）

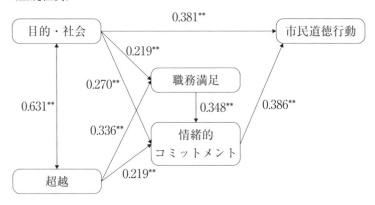

係数は標準化推定値。**$p<0.01$
$\chi^2=499.247$, df=10, $p=0.000$, CFI=0.993, RMSEA=0.085, GFI=0.991, AGFI=0.933

（非正規社員）

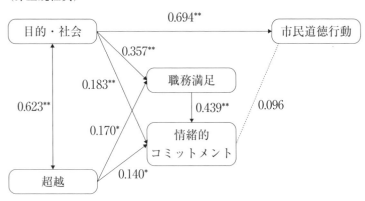

係数は標準化推定値。**$p<0.01$, *$p<0.05$
$\chi^2=458.396$, df=10, $p=0.000$, CFI=0.996, RMSEA=0.068, GFI=0.993, AGFI=0.946

図5.3. 市民道徳行動を目的変数としたパス解析の比較

的支持）。他方で、コーリングのうち、向社会志向を含む因子（目的・社会）が援助行動および市民道徳行動に正の影響を与えていた（仮説3を支持）。

　目的変数それぞれのモデルを検討すると、援助行動については、正規社員、非正規社員同様の傾向が見られたが、市民道徳行動については、正規社員と非正規社員とのあいだで傾向の相違が見出された。正規社員においては、市民道徳行動にたいして目的・社会と情緒的コミットメントからの標準偏回帰係数が同程度の値を示した。これにたいして、非正規社員においては市民道徳行動にたいしてもっぱら目的・社会がインパクトを有し、情緒的コミットメントからの有意な影響が見られなかった。

5.3　考察

　本章の目的は、コーリングが職務態度に与える影響についての先行研究と、職務態度が職務行動に与える先行研究にもとづく知見を総合して、コーリングが職務態度を経由して職務行動にいたる総合的なモデルを実証的に提示することにあった。分析の結果、正規社員においてコーリングは直接、または職務態度を媒介として職務行動に影響を与えることが示された。

　第1に、コーリングの諸要素は、職務満足および情緒的コミットメント双方に正の影響を与えていた。コーリングは仕事の有意義性の知覚をもたらすため、職務満足を高める。しかしそれだけではなく、所属組織への愛着や誇り、同一化をももたらすのである。この点について仮説段階においては第1に、コーリングがキャリア・コミットメントや組織コミットメントを含む包括概念としてのワーク・コミットメント全般に正の影響を与えると考えられることに着目した。また、ワーク・キャリアと組織内キャリアとの同一視は、組織の手段性という先行研究が示す側面からも、コーリングと職務態度との関係を強めるという理解ができ

る。組織内キャリアにおける目標の達成に強い使命感をもつ個人は、そのため実現のための手段を当然当該組織のなかに見いだすことになるであろうからである。

第2に、コーリングのうち利他性あるいは向社会性という側面が、組織市民行動という職務行動に直接影響していることが示された点についてである。コーリングがキャリア論における概念としてもつ特徴のひとつとして、利他性あるいは向社会性を有している点があげられ、組織市民行動もまた同様の志向性を基礎としていることから、これら両者が直接に結びつくことが実証的に示されたといえる。社会のために何ができるかを考えながら仕事をしているひとは、組織内でも手助けが必要なひとに直接奉仕したり、全体のことを考えた行動が実践したりできるということである。

第3に、上に述べてきたようなコーリングが職務態度や職務行動に影響を与えるメカニズムの一部が、雇用区分に左右されることが示された点である。これまでのコーリング研究の多くが、回答者のさまざまな属性を横断する広範な調査データにもとづく実証をおこなっており、雇用区分もそこに含まれる。しかし雇用区分別にコーリングと後続要因との関連を検討する研究はなされてこなかった。

本研究における調査では、非正規雇用の場合、コーリングの諸要因が職務態度を媒介として組織市民行動のうちの市民道徳行動に影響するという証拠が得られなかった。コーリングにかぎらず、組織行動にかかわる枠組みが雇用区分を問わず適用可能であることが日本においても実証的に示されてきた（蔡，2016；砂口，2017）ところ、本研究における結果は特徴的である。

非正規社員については、キャリアにおける当該組織での仕事活動の相対的な重要性が低く、職務態度へのインパクトが弱いということが考えられる。本研究における結果では、超越因子による影響についてこの傾向が見出される。また、職務態度が市民道徳行動に影響を与えていな

かった点については、組織市民行動が前提とする基礎理論のひとつである社会的交換関係が機能していない可能性が指摘できる。非正規社員は、仕事をめぐるさまざまな制約に直面しているので、組織内活動をつうじて好ましい職務態度（職務満足や情緒的コミットメント）が形成されても、その返報として自発的に組織のためになる行動をしようとはなりにくいということである。蔡（2016）は組織市民行動と同様に社会的交換理論に根ざした概念である組織からの支援認識についての実証分析にもとづき、非正規社員においても交換関係が機能すると論じている。本研究における調査対象となった非正規社員は業務委託やパートタイマーで構成されており、この種の非正規社員における職務特性や人的資源管理の仕組みが、交換機能を抑制している可能性もある。他方で、コーリングの向社会的志向は、安定的な個人的性向の側面を有しており、非正規社員においても組織市民行動に影響すると考えられよう。

小括

　本章における経験的分析は克服すべき多く問題を数多く提示している。ワンショット・サーベイによるデータにもとづく分析結果であるため、コーリング、職務態度、および職務行動の時系列的な因果関係を検証できているわけではない。コーリングの経験的次元構造についても、事前の想定と異なる結果であった。非正規社員における因果モデルは、統計学的な適合度とともに、諸変数にかかわるさらなる潜在変数や、それらのかかわりの基礎となる論理を探索していく必要があることを示唆している。これらについては今後の課題としたい。

＊27　第5章から第7章までの定量的分析にあたっては、統計プログラム HAD（清水, 2016）を使用した。

＊28　目標促進理論において、個人は自分にとって意義のある目標を日々の態度や行動を
つうじて達成しようとする存在であり、自分にとっての環境をそれを達成するための
手段としてみなしているとされる。特定の環境がもつ目標達成ための手段性が高けれ
ば、個人はその環境にたいして前向きな態度や行動を示すと考えられる（Fitzsimons
and Shah, 2008）。

＊29　本章で検討はおこなわないが、Neubert and Halbesleben（2015）はアメリカ771人
の成人を対象に、精神的なコーリングが、職務満足が調整要因として相補的に組織コ
ミットメントにたいする影響を有することを明らかにしている。

＊30　本章における調査データは、新井ほか（2015）と共通しているが、分析枠組みはほ
ぼ一新されている。

＊31　Podsakoff et al.（1990）において、これらの項目は愛他主義（altruism）と定義さ
れており、コーリングのもつ「利他性」と名称としては重複する。項目は本章で定義
しているように直接的な対人援助行動を示すものであり、高い相関は予測されるもの
の、職業観やキャリア観を示す後者と概念的に弁別されると本研究は考えている。

＊32　本章において結果として示されたモデルの χ^2 値はいずれもきわめて高く、この指標
のみでは適合性を示すことができない。Iacobucci（2009）は、χ^2 値を自由度（df）で
除した値が3を極端に上回らないかぎりはモデルの合理性を認めてよいとしている。
それでも本章の結果における χ^2/df の値はなお高いが、下位集団のサンプル数がいず
れも200を超えており、大標本ではたいていのモデルが棄却されるようになってくる
ので、他の指標で適合度を評価するという朝野ほか（2005）の指針にしたがっている。

第 6 章

コーリングと職場倫理のマネジメント：
顧客・販売志向と上司行動に着目して[*33]

本章では、使命的職業観としてのコーリングが、職務行動志向にどのような影響を与えるのか、またそれが、上司の行動によってどのように調整されるのかを、販売職を対象として実証的に明らかにすることを目的としている。コーリングについては、道徳的な行動を促進し、非道徳的な行動を抑制するという先行実証研究が存在する。他方で心理学領域において、いちど道徳的な行動をとることが、逆説的にその後の非道徳的な行動を誘発するメカニズムが明らかにされている。本章ではこのような議論を基礎とし、販売職における顧客志向および販売志向をその道徳的・非道徳的側面にむすびつけて、「コーリングは顧客志向を高めるが、他方で販売志向も高める」という両義的な命題を探求することにしたい。さらに、マネジメント的な含意の導出のため、コーリングと職務行動志向との関係を調整する変数として、上司による行動を導入し、その影響を経験的に探索することにしたい。経験的分析として自動車ディーラーの販売職を対象とした質問票調査データをもとに結果を提示する。考察では仮説の吟味と発展的な議論をおこなう。むすびにかえて研究の限界と今後の展望を示す。

6.1　仮説の導出

6.1.1　顧客・販売志向とその道徳的側面

　本章では自動車販売職を経験的分析の対象とするが、目的変数として顧客志向および販売志向をとりあげる。この変数は、顧客志向の組織論のミクロ的展開として、販売員の顧客志向型販売に焦点をあてるものである（小菅，2007；新井，2011）。顧客志向および販売志向は、Saxe and Weitz（1982）により Selling Orientation-Customer Orientation（SOCO）尺度として開発され、その後 Thomas et al.（2001）らによって改良や短縮版の開発がなされてきた。SOCO は先験的および経験的に、顧客志向型の販売行動と、販売志向型の販売行動という対照的な2因子

で構成されてきた。

　新井（2011）のまとめによれば、顧客志向に影響を与える先行要因として、組織文化、学習志向、組織コミットメント、従業員への評価やエンパワーメントなどについての研究がある。また、顧客志向の結果要因としては、職務満足、顧客との強い関係、長期的な顧客との関係、コミットメントなどについての研究がある。

　販売職の倫理のマネジメントの文脈で顧客志向をとりあげた実証研究としては Howe et al.（1994）や Schwepker and Good（2011）などがある。Howe et al. は保険販売職を対象に、その非倫理的な職務行動の9類型を特定し、回答者が個人としてそのような行動に従事しているか（個人的関与）と顧客志向との関係をみたところ、強い負の相関を示した。他方で、成功する販売員はこの種の行動に従事すると思うか（成功）と個人的関与には強い相関があり、調査対象職において、トップ販売員になるためには非倫理的な行動をとる必要があると考えられていることが示唆されている。これらの発見事実と考察をもとに、Howe et al. は顧客志向の販売員はより倫理的行動に従事し、販売志向の販売員はより非倫理的行動に従事する傾向があると結論づけている。

　Schwepker and Good（2011）は B to B の販売職を対象に、顧客志向が道徳的判断の影響を受けており、またこれらの要因が販売上の成果業績や有効な行動（行動業績）にむすびつくという仮設を立て検証をおこなった。他者の福利に資することは道徳上の主要な判断のひとつであり、その結果顧客志向の行動が促進され、販売志向の結果が抑制されると考えられた。検証の結果、道徳的判断による顧客志向への強い影響が示された。

　道徳的・非道徳的職務行動と、顧客志向および販売志向とは異なる概念であるが、本章では、これらの結果をもとに、顧客志向については販売業務において道徳性をもつ行動志向、販売志向については業務において非道徳性をもつ行動志向であると位置づける。

6.1.2 職業威信概念と道徳自己調整理論にもとづく両義的仮説

　本章が検証の対象とする両義的仮説の基礎論理は、一面では岡本ほか（2006）が展開したような、仕事にまつわる自尊心が「ノブレス・オブリジェ」（高邁な使命感）を醸成し、それが組織内の個人的な違反行動および組織的な違反行動を抑制することによって、組織内倫理の維持に資するという考え方にある。岡本ほかは、社会学概念である職業威信をミクロ的に展開し、主観的な職業威信としての職業的自尊心がもつ、仕事のやりがいや社会の便益に資する程度、他者に認められるなどの側面を示す職務的自尊心と、仕事でどのような学びや訓練が必要で、どのようなリスクがあるかという側面を示す職能的自尊心という2因子構造を見出した。使命感や人生をささげる価値などを示すコーリングは、職務的自尊心と同等以上に、個人的な違反経験と組織的な違反経験双方と負の相関を示した。

　岡本ほかの研究では、コーリングと他の心理特性との関係をさぐるための調査対象として、消防官が選択された。その要件として、(1)公益性が強く、地味な職業、(2)職業に対してアンビバレンスが低いと予想される職業、(3)職務内容に多様性のある職業、(4)怪我などの個人リスクのある職業があげられた。本研究が経験的分析の対象とする自動車販売職は、上記要件とは異なる点が多くある。しかしながら欧米のコーリングについての実証研究は、教育職やその他のプロフェッショナルから出発しつつも、多様な職種における諸要因との関連が期待され（Dik and Duffy, 2009）、また検証がなされつつある。本研究もこのような展開の一端として。自動車販売職を対象とした結果と含意の導出を試みることにしたい。使命的職業観を示すコーリングの高さは、一面で顧客志向を高めるであろう。他方でコーリングの高いひとにおいては、販売志向が抑制されるであろう。

仮説1a　コーリングは、顧客志向に正の影響を与える。

仮説1 b　コーリングは、販売志向に負の影響を与える。

　他面で本章における仮説は、心理学領域で注目されている道徳自己調整理論（moral self-regulation theory）にも依拠する。自己概念としての「道徳的自己（moral self）」は、個人の目標として動機づけると同時に、理想の自己と現実の自己との一致または不一致を評価するための参照点としても機能する。Zhong et al.（2009）によれば、理想と現実の道徳的自己のずれはゴムバンドをひっぱった状態が元に戻ろうと強く働くのと同じように、それを解消する方向へ個人を動機づける。

　このような調整機能は、大きく2つに分類される。そのひとつは、道徳補償（moral compensation）といわれるものである。非道徳的な行動によって、現実の道徳的自己が理想の道徳的自己と比較してきわめて低く評価されざるをえなくなったばあい、その後すすんで道徳的な行動をとることによって、現実の道徳的自己を高めようとするプロセスがこれにあてはまる。もうひとつは、道徳免許（moral licensing）といわれるものである。道徳的な行動によって現実の道徳的自己が理想の自己と比較して高く評価されるようになったばあい、そのひとはその後非道徳的な行動をしても許容されると考えるようになって、その種の行動が誘発されるプロセスがこれにあてはまる。

　Lin et al.（2016）は、リーダーの倫理的行動がこのような自己調整機構によって、その後フォロワーを罵倒するような（abusive）行動を引き起こすことを、リーダー自身にたいする調査と、部下評定にもとづく調査の両面から検証している。ここでは道徳的自己の充分な高さが道徳の貯金（moral credits）として定義・操作化された。行動の連鎖を適切に把握するため、被調査者にたいして数日間で複数回の質問票データを収集し、分析するという手法が採られた。リーダー自身、部下双方への調査で共通して、道徳的なリーダー行動が、道徳の貯金を高め、その後道徳の貯金の高さが、罵倒的なリーダー行動に正の影響を与えることが

明らかにされた。

　キャリア変数としてのコーリングを先行要因とする本研究は、行動連鎖そのものを解明しようとするものではない。しかしこれまでの議論をもとに、以下のような傾向の存在の可能性を指摘したい。すなわち、コーリングの高い個人は、それまでの顧客志向の積み重ねをもとに、道徳免許や道徳の貯金の知覚を高く有しているため、それが非道徳的な側面を有する販売志向行動に対する許容度を高め、実際にその行動が導かれているのではないか、ということである。上記をもとに、仮説1ａおよび1ｂとは対照的な仮説が提示される。仮説1ａと2ａ、および仮説1ｂと2ｂがそれぞれ対抗仮説となっている。仮説1ａおよび1ｂについては、コーリングと職務行志向との現時点での直接的な関係、仮説2ａおよび2ｂについてはこれまでの職務行動の蓄積にもとづく知覚を基礎とした関係という相違点がある。本研究では、相関分析や回帰分析によってどちらの仮説がより優位であるかを検討することにしたい。

仮説2ａ　コーリングは、顧客志向に負の影響を与える。
仮説2ｂ　コーリングは、販売志向に正の影響を与える。

6.1.3　上司行動による調整

　本章では、コーリングによる職務行動志向への両義的な主効果に関係する要因として、Cardador and Caza（2012）の示唆するかかわりあいにもとづく視点から、上司による行動に注目することにしたい。その第1は、倫理的リーダーシップにもとづく行動である。Brown et al.(2005)の定義によれば、倫理的リーダーシップとは第1にリーダー個人としての行為や対人関係をつうじて規範的に適切な振る舞いを示すことであり、第2に部下にたいして規範的に適切な振る舞いをうながすことである。後者の定義には、部下へ働きかける3つの行動群が含まれている。その第1は双方向のコミュニケーションである。ここには、リーダーが

部下の関心を倫理に向けさせる、倫理についてはっきりと語ることによってその存在を明確にする、手続き面や対人関係面で正当なプロセスを声に出して示す、といった行動が含まれる。第2は、強化である。ここには、リーダーが倫理的な基準を示し、倫理的なふるまいには報酬を与え、基準にしたがわないものを罰することによって、部下の代理学習をうながす行動が含まれる。第3は、意思決定である。リーダーが意思決定による倫理上の帰結を考慮することや、信念があり公正な選択をおこなうことで他者がみてならうことができるようにする行動がここに含まれる。道徳の自己調整は個人内過程ではあるが、上司によるこの種の行動が顕著であれば、コーリングの高い部下の顧客志向がより強くなるであろうというのが、かかわりあいにもとづく視点からの第1の仮説である。仮説3aは仮説1aの関係にたいする倫理的リーダーシップの調整効果についての仮説である。

　第2に、倫理的リーダーシップとは対照的な上司による行動として、ボトムライン・メンタリティ（最終損益主義的心性：以下BLM）に注目する。BLMは、最終損益的な成果の確保のみを気にかけ、それに相反する優先事項を無視する一元的な考え方と定義される（Wolfe, 1988 ; Greenbaum et al., 2012）。Greenbaum et al.（2012）によるBLM尺度作成過程では、最終損益的な成果というとき、回答者によってそれがなんであるかの解釈は、財務的な帰結であったり、利益であったり、その他ビジネス上のさまざまな成果でもありうるが、いずれにしてもそこに過度に焦点をあて、他の要因に目を向けないという一元性がBLMの本質であることが論じられている。上司によるBLMにもとづく行動が顕著であれば、それは販売員への圧力となり、コーリングが強く道徳免許や道徳貯金の知覚の高い個人ほどそれをいわば原資として、目下の数字を挙げるなどのために、販売志向への許容度を高めるため、その行動志向がより強まるであろうというのが、もうひとつの仮説である。仮説3bは仮説2bの関係にたいするBLMの調整効果についての仮説である。

仮説3a　コーリングは、上司の倫理的リーダーシップ行動が顕著なとき、顧客志向により強い正の影響を与える。

仮説3b　コーリングは、上司のBLMにもとづく行動が顕著なとき、販売志向により強い正の影響を与える。

6.2　経験的分析

6.2.1　データと調査項目

　2016年1月に、わが国の自動車販売業B社従業員を対象として配布された質問票をもとに分析する。A社は全国に拠点を展開しているが、そのうち関東地方の複数都県での勤務者より協力が得られた。調査（質問票データの配布と回答データの回収）は社内LAN経由でおこなわれ、99拠点、1,352名から回答を得た。本研究における以下の分析はそのうちの販売職416名よりの回答をもとに実施する。

　回答者の内訳は、男性89.9％、女性10.0％（小数点第2位を四捨五入、本項内以下同様）である。また、平均年齢は34.1歳であり、標準偏差は8.9であった。勤続年数の平均は11.9年で、標準偏差は8.6であった。過去の転職回数は、平均0.4回、標準偏差は0.9であった。

　本研究における調査項目は以下のとおりである。第1に、コーリングについては、Dik et al.（2012）におけるCalling and Vocation Questionnaire（CVQ）を邦訳のうえ文言修正をおこない、表6.1.に示されるとおり、下位次元である超越的召喚3項目、目的のある仕事4項目、向社会志向4項目）、合計11項目を使用し、CVQオリジナルにならい、リッカート4点尺度で測定した。

　第2に、上司の行動のうち倫理的リーダーシップについては、Brown et al.（2005）におけるEthical Leadership Scale（ELS）を翻訳し

　私の上司は、部下にとって何が最善かを、まず考えている。

私の上司は、仕事外においても倫理的に行動している。

上司は、部下と仕事上の倫理や価値について議論している。

私の上司は、自分に報告することがないか、部下に積極的に聞いている。

私の上司は、部下が意思決定をするとき、何が正しいかということを考えさせている。

上司は、仕事上倫理的に問題のある行動を取った部下を厳しく戒めている。

私の上司は、公平さを大事にし、偏りなく判断をしている。

私の上司は、信頼に足る人だ。

上司は、倫理の観点から正しい行い方の例を示している。

の9項目を使用した。測定は5点尺度で実施した。

　もうひとつの上司の行動類型として、Greenbaum et al.（2012）をもとに BLM にもとづく行動を測定した。

私の上司は、もっぱら最終的な数字や結果しか関心を持っていない。

私の上司は、仕事の心配しかしない。

私の上司は、最終的な数字や結果をほかの何よりも重要なものとして考えている。

私の上司は、従業員の幸福よりも会社や職場の収益のことを心配している。

の4項目を使用した。測定は5点尺度で実施した。

　第3に、顧客志向と販売志向の測定にあたっては、Selling Orientation-Customer Orientation（SOCO）の短縮版（Thomas et al., 2001）を使用した。顧客志向については、

私は、顧客のニーズが何かを探し出そうとしている。

　よい販売員は、顧客の最大の利益を考えなければいけない。

　私は顧客の課題とその課題を解決できる製品を一緒にして、顧客に提示しようとしている。

　私は、顧客の課題解決にもっとも適した製品を提供している。

　私は、どの製品が最も顧客に役に立つかを見つけようとしている。

の5項目を使用した。販売志向については、

　私は、顧客を満足させるよりもできるだけ販売することを優先している。

　私は、顧客に製品を説明する上で真実を曲げる必要もあると思う。

　私は、賢い顧客であれば買わないと思われる製品でも説得することができれば何でも販売しようとする。

　私は、製品ができるだけ良く見えるように誇張した説明をしている。

　私は顧客に長期間にわたって満足してもらえるものではなく、自分が顧客に買わせることができると確信したものを基本に製品を提供している。

の5項目を使用した。測定はいずれも5点尺度でおこなった。

6.2.2　予備的分析

　本章における分析に使用される独立変数は、予備的分析の結果、すべて1因子に収束した。まず、コーリングについては、11項目の因子分析を実施（主因子法、以下同様）した結果、表6.1.のように、固有値1以上を示す1因子が抽出された。項目別の因子負荷量をみると、0.7以上の負荷量を示す項目に超越的召還、目的のある仕事、向社会志向に属するものが1つ以上含まれている。しかし負荷量の高いものから3項目

表 6.1. コーリングにかんする因子分析（主因子法）

項目（アプリオリ下位次元）	コーリング
私は仕事を通じて、私の人生の目的をやり遂げようとつとめている（目的のある仕事）	0.811
私のキャリアは、私の人生の意味の重要な一部分である（目的のある仕事）	0.783
私にとって仕事は、私の人生の目的をやり遂げる助けになる（目的のある仕事）	0.783
私は現在の仕事を追求しているのは、私がそうするよう何かに導かれてきたと信じているからである（超越的召喚）	0.764
私の仕事は社会全体の利益に貢献している（向社会志向）	0.729
私は現在の仕事を追求するよう、自分を越えた何かに引き寄せられた（超越的召喚）	0.689
私は、自分のキャリアが人生の目的への道筋になると考えている（目的のある仕事）	0.649
私は常に、自分の仕事が他者にいかに便益をもたらすかを考えるようにしている（向社会志向）	0.643
私のキャリアの最も重要な役割は、他の人がやりたいことをできるようにすることにある（向社会志向）	0.640
他の人々にとって重要な存在でいることが、私のキャリアにおける第一のモチベーションである（向社会志向）	0.616
私は現在の仕事に、何かに導かれてきたと信じている（超越的召喚）	0.460
固有値	5.372
寄与率	53.716
a	0.908

が目的のある仕事の項目であった。11 項目による尺度の信頼性を示すクロンバックの a 係数は 0.908 であった。11 項目の平均点をコーリングの得点として定義した。

　倫理的リーダーシップについては、1 因子の寄与率は 57.7％であった。10 項目による尺度の a 係数は 0.916 を示した。10 項目の平均点を倫理的リーダーシップの得点として定義した。BLM については、1 因子の寄与率は 49.4％であった。4 項目による尺度の a 係数は 0.658 とい

表 6.2. 平均、標準偏差（SD）、および相関

	平均	SD	1	2	3	4	5
1．勤続年数	11.947	8.591					
2．倫理的リーダーシップ	3.693	0.796	− 0.030**				
3．BLM	2.931	0.755	− 0.009**	− 0.305**			
4．コーリング※	2.248	0.617	− 0.123**	0.279*	− 0.083**		
5．顧客志向	3.977	0.659	− 0.030**	0.089**	− 0.038**	0.363**	
6．販売志向	2.119	0.804	− 0.157**	0.028**	0.157**	0.211**	− 0.093*

$^*p < 0.05$ $^{**}p < 0.01$
※ 4 点尺度で測定

う、やや低い値を示したが、今後の分析に耐えうると判断し、4 項目の
平均点を BLM 得点として定義した。

　従属変数のうち、顧客志向については、5 項目による尺度の α 係数は
0.780 を示した。今後の分析に耐えうると判断し、5 項目の平均点を顧
客志向得点として定義した。販売志向については、5 項目による尺度の
α 係数は 0.717 を示した。今後の分析に耐えうると判断し、5 項目の平
均点を販売志向得点として定義した。

　勤続年数に加えて、以上定義した諸変数の平均、標準偏差、および変
数間の相関を表 6.2. に示す。倫理的リーダーシップは BLM と負の相関
を示した。コーリングは勤続年数と負の相関を示した一方で、倫理的
リーダーシップ、顧客行動および販売志向とは正の相関を示した。顧客
志向は販売職務行動志向とは有意な相関を示さなかった。[*34] 販売志向は勤
続年数と負の相関を示し、BLM と正の相関を示した。

6.2.3　階層的重回帰分析
　顧客志向および販売志向にたいする、コーリングの主効果と上司によ
る行動との交互作用効果を明らかにするために、階層的重回帰分析を実

表6.3.　階層的重回帰分析の結果（係数：ベータ）

	Y＝顧客志向 N＝400			Y＝販売志向 N＝400		
	モデル1	モデル2	モデル3	モデル4	モデル5	モデル6
性別	−0.027**	−0.003**	−0.006**	−0.08**	−0.068**	−0.056**
勤続年数	−0.037**	0.014**	0.018**	−0.173**	−0.145**	−0.133**
倫理的リーダーシップ	0.088**	−0.014**	−0.021**	0.072**	0.017**	−0.007**
BLM	−0.007**	−0.006**	−0.020**	0.161*	0.162**	0.141**
R^2_1	0.010**			0.056**		
コーリング		0.371**	0.347**		0.200**	0.191**
R22		0.134**			0.092**	
$\Delta R^2_{(2-1)}$		0.124**			0.036**	
天職感×倫理的リーダーシップ			0.087**			0.052**
天職感×BLM			0.020**			0.165**
R^2_3			0.141**			0.116**
$\Delta R^2_{(3-2)}$			0.006**			0.024**
adjR^2	0.000**	0.123**	0.125**	0.046**	0.080**	0.116**

**$p < 0.01$

施した。階層的重回帰分析の手順として、第1ステップに性別（男性＝0、女性を1とするダミー変数）、勤続年数、倫理的リーダーシップおよびBLMを投入した。第2ステップとして、コーリングを独立変数として投入した。第3ステップとして、コーリングと倫理的リーダーシップ、コーリングとBLMについて、主効果の変数と交互作用効果の変数との相関を低く抑えるため、それぞれ中心化のうえ交互作用項の独立変数として投入した。結果は表6.3.のように示される。

　モデル1を除く5モデルについて、統計的に有意な調整済み決定係数（adjR^2）となり、一定のあてはまりのよいことが示された。また、すべての回帰式について独立変数ごとの変動インフレーション因子の値を確

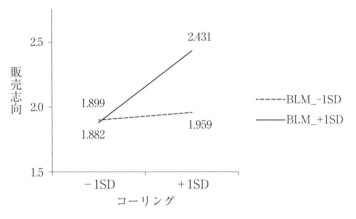

図 6.1. 下位検定の結果（Y＝販売志向）

認したところ、1.082 〜 1.210 の範囲内にあり、多重共線性の問題は回避されたとみなすことができる。顧客志向については、コーリングのみが有意な主効果を示した。コーリングと倫理的リーダーシップとの交互作用項が有意傾向を示したが、第2ステップから第3ステップへの R 2 の増分の有意性は確認されなかった。販売志向については、勤続年数、BLM のほか、コーリングに有意な主効果があることが示された。また、コーリングと BLM との交互作用項が有意な効果を示すとともに、第2ステップから第3ステップへの R^2 の増分の有意性が確認された。Aiken and West（1991）の示す方法にもとづく下位検定の結果を図6.1. に示す。BLM 低群（−1 SD）においてはコーリングによる販売行動志向への効果が非有意であったが、BLM 高群（＋1 SD）においては高度（$p < 0.01$）に有意であった。

　以上の結果より仮説を吟味すると以下のとおりとなる。対抗仮説の1 a と2 a については、仮説1 a が支持されたと考えられる。同じく対抗仮説の1 b と2 b については、仮説2 b が支持されたと考えられる。仮説3 a は不支持であった。仮説3 b は支持された。

6.3　考察

　本章では自動車販売職を対象に、コーリングがもつ顧客志向および販売志向の職務行動への両義的な影響を仮説として提示し、それらが部分的に支持された。コーリングが道徳的側面をもつ顧客志向を促進するだけではなく、それとは対照的な販売志向も促進していることが明らかになった。これについては第1に、販売職という仕事の特性によるところが大きいと考えられる。一定期間ごとに販売成果を継続的に達成することが求められる自動車販売職では、ある場面では真剣に顧客のことを考えた行動をとることもあれば、また別の場面ではそれとは対照的な行動をとることもあるということが、容易に推察される。

　さらに本章では、上司行動の調整効果に着目したことで、コーリングの高い人材にたいして組織的な職務行動のマネジメントのためにどのような働きかけをおこなっていくべきかについての実践的含意 35 を導いている。それは、自分はこの仕事に使命感を強く持っている、という人材に、最終損益的な数値のみを重視する働きかけや規範づくりをおこなうと、その種の人材の職務行動が販売志向にエスカレートする可能性があるということである。

　本章における経験的分析では、コーリングが勤続年数と負の相関を持つ一方で、勤続年数が販売志向にたいして負の効果を持つことが示された。自動車販売職においては、職歴をつめば長い付き合いの顧客ができてきて、買い替えサイクルに応じて成果がつみあがっていくので、そのような経験をふまえて、数字をあげるために無理な仕事をすることが減っていくということがあるのかもしれない。その点を考慮すると、このエスカレーションのリスクを持つのは経験の浅い販売職であり、このタイプの人材に数字を過度に強調するマネジメント的な関与をおこなうことが、組織内倫理にたいしても悪影響をもたらす可能性に留意する必

101

要があるだろう。[*35]

　他方で、顧客志向にたいしては、コーリングが強い影響をもつものの、上司のうながす倫理的行動によるエスカレーション的な調整効果の存在は認められなかった。さらに、倫理的リーダーシップによる顧客志向への主効果も認められなかった。すなわち倫理的リーダーシップが、販売職における顧客行動に直接あるいは間接に関係する余地が見出せなかったことになる。これはたとえば、Schwepker and Ingram（2016）が前者による後者への強い影響を見出したのとは異なる結果である。この点については以下のような説明ができるかもしれない。Schwepker and Ingram（2016）はアメリカ全土にEメールサーベイを実施し、かつ対象者をB to Bの販売職としている。これにたいして本研究はB to Cの販売職を対象としており、かつ自動車という、相対的に高価で、購買後の使用が長期間にわたり、さらにはそのなかで定期的なメンテナンスなど顧客との接点が存在する商品を取り扱うセールスパーソンにたいする調査である。多くの自動車ディーラーは、地域に根ざした息の長い販売活動をこれまで継続してきており、A社もその例に漏れない。この仕事につくひとにとって、それが顧客のことを考えた職務活動によって成り立つということは、上司の倫理的な働きかけを待つまでもなく自明なのであって、そのような志向性がもっぱら本人の使命的職業観の程度によって左右されるという結果が示されたと考えられる。

小括

　本章における議論は、克服すべき多くの課題を抱えている。まず、仮説の背後にある論理を構成する道徳免許や道徳の貯金といった重要な変数を測定しておらず、道徳の自己調整過程の枠組みからすればその傍証を示しているにすぎない点が大きな問題である。また、単発式のサーベイに依拠した経験的分析によって、行動連鎖という過程の論理を命題の

基礎に据えながら、その動態がとらえられ切れていない問題もある。道徳的自己調整の心理学的研究では、実験室実験を積み重ねたり、フィールド調査においても同一の被調査者群にたいして複数ウェーブの質問票データを収集したりすることで、この問題に対処している。本章の研究を発展させた枠組みとしては、コーリングが同時点あるいは次時点での顧客志向を高め、それがさらに次々時点での販売志向を高める、といった仮説の検証のためのデザインが有効であると考えられる。このような精緻化を今度の第1の課題としたい。

　また定性的な調査をつうじても、このメカニズムの解明の余地があると考えられる。本研究の今後の展開において、調査方法上の工夫をおこない、道徳と非道徳とのあいだの行動の振れをリアルにとらえる試みが求められているといえるだろう。

　第2に、諸尺度の測定精度の改善の問題である。本章で採用した諸尺度は、欧米において一定の実証研究における実績があるものばかりであるが、アプリオリには3因子構造であるコーリングが1因子に収束したり、理論的には対極として定義される販売志向と顧客志向との相関が低かったりという結果となった。これが、少なくとも本研究の調査対象における状況をとらえたものであるのか、あるいは操作化に問題があり、対象をきちんと測定できていないのかは、今後実証研究を積み重ねて検討する必要がある。

　第3に、研究対象の問題である。すでに議論したように、本章が調査対象とした自動車販売職は、基本的には顧客志向という道徳性の高い職務行動が求められる一方で、定期的に成果を維持するために、道徳の問題を二の次にした職務上の要請もしばしば生じうるという点で、両義的な命題を検証しやすい特徴を有していたと考えられる。今後は、他のさまざまな職種についての検証がなされる必要があるだろう。

　第4に、上述の過程で、関連する潜在変数の探索もなされていく必要がある。たとえば、職務上遭遇する、いわゆるモラル・ジレンマの頻度

や重大性などがもつ職務行動へのインパクトを与えるなどということが考えられる。さらには、本研究では上司行動のもつ調整効果に着目したが、職業観と職務行動との関係を調整したり媒介したりする、職場集団や組織関連のさまざまな要因の探索も求められているといえよう。

———————————————

＊33　本章の内容については上野山ほか（2017）における共著者の了解を得たうえで、上野山による単著として加筆修正をおこなった。さらに上野山（2019）の内容が反映されている。

＊34　個人属性をもとに下位集団別の相関の比較をおこなったところ、勤続年数を平均値で2分し、低群（N＝212）における γ ＝ -0.049（n. s.）、高群（N＝196）における γ ＝ -0.128（$p < 0.1$）を得た。

＊35　この含意の前提として、組織なり上司なりが当該人材のコーリングの高さを判断する（見分ける）ことができていることが必要となる。

第7章

コーリングとワーク・エンゲイジメント、ワーカホリズム：組織的公正に着目して

本章では、コーリングがワーク・エンゲイジメント（work engagement）とワーカホリズム（workaholism）に与える影響を検証する。コーリングが好ましい職務態度や行動およびそうではない職務態度や行動双方にたいして正の影響を与えうるという両義性については、諸刃の剣あるいは暗黒面といった呼称が与えられ、理論的・実証的な研究がおこなわれてきた（Bunderson and Thompson, 2009 ; Dobrow and Tosti-Kharas, 2012 ; Cardador and Caza, 2012）。前章ではこのメカニズムについて、職場のモラル・マネジメントをテーマに検証した。本章でも、コーリングがワーク・エンゲイジメントという好ましい状態と、ワーカホリズムという好ましくない状態の両方を導きうることを、訪問看護ステーションに勤務する看護師より得られたデータの分析をもとに示す。また、以上の変数の関係を調整する要因として、組織的公正（organizational justice）に着目することで、マネジメント的な含意を探ることにしたい。

7.1　仮説の導出

7.1.1　コーリングとワーク・エンゲイジメント

本章における分析が目的変数の1つとするワーク・エンゲイジメントは、仕事に関連する肯定的で充実した心理状態であり、活力、熱意、没頭によって特徴づけられる。エンゲイジメントは、特定の対象、出来事、個人、行動などに向けられた一時的な状態ではなく、仕事に向けられた全般的な感情と認知である、と定義される（Schaufeli and Bakker, 2004 ; 島津 , 2010）。

近年のキャリア論におけるコーリング研究においても、ワーク・エンゲイジメントとの関連が実証的に探索されている。Hirshi(2012)は、コーリングが仕事の有意義性（work meaningfulness）、職業的同一性（occupational identity）[*36]、および自己効力感（self-efficacy）に媒介され

つつワーク・エンゲイジメントに影響を与えていることを明らかにした。Xie et al.（2010）ではコーリングが直接、またキャリア・アダプタビリティに媒介されて、ワーク・エンゲイジメントに影響を与えていることが示された。これらは目的変数としてワーク・エンゲイジメントをとりあげつつも、キャリア論の枠組みでの仮説検証をおこなった研究として位置づけられる。

7.1.2　職務要求 - 資源モデルと組織的公正の両義性

　ワーク・エンゲイジメントの基礎理論として、職務要求 - 資源モデル（job-demands-resource model）が知られている（Bakker and Demerouti, 2007）。このモデルは、職務要求（仕事のストレッサ）がバーンアウトを引き起こし、健康障害をもたらすというプロセスを一方で有する。他方で、ストレッサやそれに起因する問題に対処するための資源がワーク・エンゲイジメントを高め、積極的な態度や行動をもたらすモティベーションプロセスをも有する 2 重プロセスモデルである（図7.1.）。このモデルでは積極的・肯定的な人間観をもとに、たとえ職務要求が高くても、働くひとにとってに充分な資源があればそれに対処することが可能であると考えられている。

　職務要求 - 資源モデルにもとづきコーリングとワーク・エンゲイジメントとの関係を検証した近年の研究としては、Ugwu and Onyshi（2017）がある。この研究では、組織内で個人の目標達成が阻害されている（と個人が知覚している）状況を組織フラストレーション（organizational flustration）と位置づけ、個人のコーリングが高いばあいと低いばあいとで組織フラストレーションによるワーク・エンゲイジメントへのインパクトがどのように変化するかが検討された。個人のコーリングの知覚が高いばあい、組織フラストレーションがワーク・エンゲイジメントにより顕著に正の影響を与えることが示された。組織フラストレーションは職務要求を示し、個人がコーリングを資源としそれに対処すること

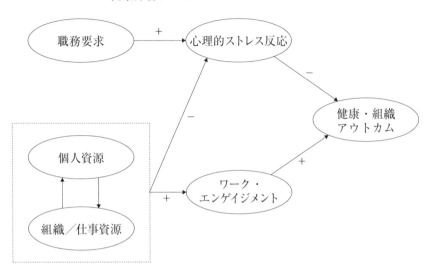

健康障害プロセス

動機づけプロセス

図 7.1. 職務要求 - 資源モデル
出所：島津（2014）p. 59 をもとに作成。

で、ワーク・エンゲイジメントが高まると結論づけられている。

　職務要求に対処し、ワーク・エンゲイジメントを高めるための資源には、個人に内在するもの（個人資源）と組織や仕事にかかわるもの（組織 / 仕事資源）とがある。先行研究で検証されている個人資源には、自己効力感、組織での自尊心、楽観性などがある。また、組織 / 仕事資源には、上司・同僚のサポート、仕事の裁量権、パフォーマンスのフィードバック、コーチング、課題の多様性、トレーニングの機会などがある（島津，2010）。

　本章では組織 / 仕事資源としての組織的公正に着目する。組織的公正は古典的には、受け取った報酬の総量にかんして知覚された公平性としての分配的公正と（distributive justice）、報酬が決定されるさいの手続

きにかんして知覚された公平性としての手続き的公正（pricedural justice）に区分される（Folger and Konovsky, 1989）。近年はこれらの要素に加えて、対人的な相互作用についての公正や、道徳上の規範に関連した公正の研究もなされている（関口・林，2009）。組織的公正はワーク・エンゲイジメントを高める資源としてとらえられ（川上，2012）、近年実証研究も国際的に展開されている（Hassan and Jubari, 2010；Viseu et al., 2015；Özer et al., 2017）。

　個人資源と組織／仕事資源が相互に影響を与えあうことは職務要求‐資源モデルにおいても示されているが、それぞれがどのように関連してワーク・エンゲイジメントに影響するのかという問題を検討した研究は相対的に少ない（阪井ほか，2012）。理論的には、両者が独立して影響を与えるという独立モデル、一方が他方を媒介して影響を与えるという媒介モデル、一方が他方の影響を調整するという調整モデルが考えられる。Salanova et al. (2011) は、変革型リーダーシップ（組織／仕事資源）がフォロワーの自己効力感（個人資源）に媒介されて、フォロワーのワーク・エンゲイジメントを高めることを明らかにしている。Seco and Lopes（2013）は、オーセンティック・リーダーシップとフォロワーのコーリングがフォロワーのワーク・エンゲイジメントに正の交互作用効果を与えることを示したが、下位検定が実施されていない。

　本章では個人資源としてのコーリングと組織／仕事資源としての組織的公正が相補的な調整関係（弱モデル）にあるという仮説を提示する。その理由は、組織的公正の両義性にある。すなわち組織的公正は、それが充分に高いばあいは、職務要求に対処するための資源として機能する。しかし低いばあいは、資源となりえないのみならず、それ自体が職務要求を高めるストレッサとなりうるのである。組織的公正の損なわれた状態は身体疾患、精神疾患、疾病休業、生活習慣、生理指標に影響することが明らかになっている（井上，2010）。職務要求‐資源モデルにもとづけば、このような状況に対処するには、Ugwu and Onyshi（2017）

が示したのと同様に、より強力な個人資源としてのコーリングが必要と
なるであろう。

仮説1　コーリングは、ワーク・エンゲイジメントに正の影響を与える。
仮説2　組織的公正の諸要素は、ワーク・エンゲイジメントに正の影響
を与える。
仮説3　組織的公正の諸要素が低いとき、コーリングはワーク・エンゲ
イジメントにより顕著な正の影響を与える。

7.1.3　コーリングとワーカホリズム

　ワーカホリズムは古典的には、過度に働くことへの衝動性ないし統制
不可能な欲求として定義され（Oates, 1971）、近年は働きすぎという行
動的な側面と、強迫的な働き方という認知的な側面との2要素に整理す
ることが提案されている（Schaufeli et al, 2008；窪田ほか, 2014）。コー
リング研究において、ワーカホリズムをとりあげたものは多くはない。
Duffy et al.（2016b）では、コーリングとワーカホリズムに特段の関係
が見出されなかった。Keller et al.（2016）は、職場の競争的風土とワー
カホリズムとの関係へのコーリングによる調整効果について検討してい
る。コーリングが高いばあい、競争的風土はより顕著にワーカホリズム
に正の影響を与えるという相乗モデル（強モデル）が導かれている。
　本章では、第2章で議論したように、コーリングは禁欲的な勤勉を旨
とするプロテスタントの仕事倫理（PWE）の構成要素として展開して
きたことから、ワーカホリズムにたいして正の影響を与えるという仮説
を提示する。さらにワーク・エンゲイジメントについての仮説と同様に、
コーリングと組織的公正とがワーカホリズムにたいして相補的な調整関
係（弱モデル）にあるという仮説を提示する。
　この論理の基礎は、職務要求 - 資源理論ではなく、組織的公正の基礎
理論である衡平理論（equity theory）にある。衡平理論では、自分自

身の努力（インプット）と報酬（アウトカム）とのバランスが、特定あるいは一般化された他者のそれと比較のうえで公平性が判断されるとされる（Adams, 1965）。衡平理論における公平さを欠いた状況には、努力に見合った充分な報酬が得られていないという過小報酬のケースと、努力に比してあまりにも多い報酬が得られているという過大報酬のケースとが考えられる。しかし通常、不公平というばあいには前者のケースが想定されるであろう。衡平理論におけるインプットとアウトカムの大きさは、客観的なものではなく認知上の評価であるので、過小報酬状態の個人は主観的な報酬量に比した自分の努力量への感受性が高い傾向があると考えられる。したがって自分自身の仕事活動量が多いととらえられがちとなり、それゆえにワーカホリズムが高くなるであろう。

仮説4　コーリングは、ワーカホリズムに正の影響を与える。
仮説5　組織的公正の諸要素が低いとき、コーリングはワーカホリズムにより顕著な正の影響を与える。

7.2　経験的分析

7.2.1　データと調査項目

　本調査は 2017 年 7 ～ 9 月に実施された。[*37] 機能強化研修に申し込みのあった 22 人の管理者が所属する訪問看護ステーション（以下、事業所）にたいしそれぞれ、ステーション管理者（以下、管理者）分 1 部、看護師スタッフ（以下、スタッフ）分 5 部の質問票が郵送された。回答者より直接個別に、実施者あて返送された質問票は管理者 10 名分、スタッフ 40 名分の合計 50 部（返送率：50/132 ≒ 37.88 ％）であった。所属事業所は前もって質問票に識別番号が付されたが、スタッフの所属する事業所は 11 におよんだ。

　回答者のうち女性が 48 名（99.60 ％）、男性が 2 名であった。看護師

歴の平均は 21.02 年（標準偏差 8.88）、訪問看護師歴の平均は 7.73 年（標準偏差 6.02）、当該事業所での勤務歴の平均は 5.56 年（標準偏差）であった。

　本章における調査項目は以下のとおりである。コーリングについては岡本ほか(2006)をもととした 4 項目を使用した。この尺度については、下位次元がとくに考慮されていない。ワーク・エンゲイジメントについては、日本語版ユトレヒト・ワーク・エンゲイジメント尺度（島津，2014）をもとに、以下の 3 項目を使用した。なお、ワーク・エンゲイジメントについては一般に、活力、熱意、および没頭の 3 要素からなる複合概念とされる（島津，2014）が、本章では全般的な単一概念として操作化し分析をおこなう。

　仕事は、わたしに活力を与えてくれる。
　わたしは仕事をしていると、活力がみなぎるように感じる。
　わたしは、仕事をしていると、つい夢中になってしまう。

　ワーカホリズムについては、日本語版 The Dutch Workaholism Scale（Schaufeli et al., 2009；窪田ほか，2014）をもとに、また訪問看護師の仕事の実態を加味して以下の 6 項目を使用した。なお、ワーカホリズムについては一般に、働きすぎおよび脅迫的な働き方からなる複合概念とされるが、本章では全般的な単一概念として操作化し分析をおこなう。

　わたしは、余暇よりも仕事により多くの時間を割いている。
　わたしは、常に忙しく、一度に多くの仕事に手を出している。
　わたしは、営業日以外にも出勤することがある。
　わたしは、自宅でも仕事をすることがある。
　わたしは、仕事が楽しくなくても、一生懸命やるよう強いられているように感じる。

わたしは、仕事をしていないと、罪悪を感じる。

　組織的公正については、三崎（2006）をもとに、以下の6項目を使用
した。アプリオリには分配的公正と手続き的公正との下位2次元で構成
されている。なお、近年の組織的公正研究においてはこれを集合概念と
してとらえる新しいアプローチ（マルチレベル・アプローチ）も登場し
ている（林，2010）が、本章における分析では個人レベルでの認知概念
として分析をおこなう。

分配的公正項目
わたしの給与や待遇は、担当している仕事に見合ったものである。
わたしの給与や待遇は、仕事にたいする努力に見合ったものである。
わたしの給与や待遇は、自分の成果・業績に見合ったものである。
手続き的公正項目
当ステーションでの意思決定の仕組みや手続きは、公平になされてい
る。
当ステーションでの人事評価の仕組みや手続きは、公平なものだと思
う。当ステーションは、個人の成果や能力を公平に評価していると思
う。

以上の諸項目について、すべてリッカート5点尺度で測定した。

7.2.2　予備的分析

　はじめに、コーリングについて因子分析を実施した。アプリオリ次元
にもとづく確証的因子分析によって吟味したモデルの適合度が低かった
ため、あらためて探索的因子分析を実施した。結果は表7.1.のように示
される。アプリオリに1次元からなる4項目が、固有値1以上を示す1
因子となった。尺度の信頼性を示すクロンバックの a 係数は0.781であ

表 7.1. コーリングにかんする因子分析（最尤法）

項目	コーリング
わたしは、今の職業は天職だと感じる。	0.822
わたしは、生まれ変わっても、今と同じ職業に就きたい。	0.813
わたしは、自分の職業を愛している。	0.592
わたしの職業は、尊い使命をもっている。	0.491
固有値	2.430
寄与率	60.743
α	0.781

り、今後の分析に耐えうると判断されたので、これらの平均をコーリング得点とした。

　つぎに、組織的公正について確証的因子分析を実施した。アプリオリ次元である分配的公正と手続き的公正の 2 因子構造について、適合度の高い結果が得られた（$\chi^2 = 84.261, p = 0.000, \mathrm{CFI} = 1.000, \mathrm{RMSEA} = 0.000,$ $\mathrm{GFI} = 0.985,\ \mathrm{AGFI} = 0.961$）。しかしながら手続き的公正因子の 3 項目についての α 係数が 0.639 と低く、項目を減らして組み合わせて検討してもこの値が向上しなかった。そのため、分配的公正因子項目もあわせた 6 項目を組織的公正 1 因子とみなして平均をその得点とした。6 項目の α 係数は 0.730 であり、今後の分析に耐えうると判断された。

　ワーク・エンゲイジメントの 3 項目の α 係数は 0.827 を示した。これらの平均をワーク・エンゲイジメント得点とした。ワーカホリズムについては、6 項目の α 係数が 0.504 ときわめて低い値となったため、項目を減らして信頼性が確保できる組み合わせの探索をおこなった。その結果、「わたしは、余暇よりも仕事により多くの時間を割いている」「わたしは、常に忙しく、一度に多くの仕事に手を出している」の 2 項目の α 係数が 0.787 を示し、今後の分析に耐えうると判断されたので、これらの平均をワーカホリズム得点として定義した。本章におけるワーカホリ

表7.2. 平均、標準偏差（SD）、および相関

	平均	SD	1	2	3	4
1．看護師歴	21.020	8.881				
2．コーリング	3.555	0.720	0.198**			
3．組織的公正	3.170	0.519	− 0.125**	0.102**		
4．ワーク・エンゲイジメント	3.533	0.713	0.136**	0.710**	0.372**	
5．ワーカホリズム	3.290	1.000	0.370**	0.484**	0.014**	0.504**

$**p < 0.01$

ズムは単次元概念として操作化しているが、先行研究における構成要素と対応させると、残念ながら脅迫的な働き方の側面はこの因子には含まれず、働きすぎの側面のみとなった。

　諸変数の平均と標準偏差、および相関を表7.2 に示す。コーリングとワーク・エンゲイジメントは高い相関（$\gamma > 0.6$）、ワーク・エンゲイジメントとワーカホリズムおよびコーリングとワーカホリズムは中程度の相関（$\gamma > 0.4$）、組織的公正とワーク・エンゲイジメントおよび看護師歴とワーカホリズムは低い相関（$\gamma > 0.2$）を示した。

7.2.3　階層的重回帰分析

　ワーク・エンゲイジメントおよびワーカホリズムにたいする、コーリングおよび組織的公正の主効果と交互作用効果を明らかにするために、階層的重回帰分析を実施した。階層的重回帰分析の手順として、第1ステップに統制変数として看護師歴を投入した。第2ステップとして、コーリングおよび組織的公正を独立変数として投入した。第3ステップとして、コーリングと組織的公正について、主効果の変数と交互作用効果の変数との相関を低く抑えるため、それぞれ中心化のうえ交互作用項の独立変数として投入した。結果は表7.3. のように示される。

　モデル1を除く5モデルについて、統計的に有意な調整済み決定係数

115

表 7.3. 階層的重回帰分析の結果（係数：ベータ）

	Y＝ワーク・エンゲイジメント $N=50$			Y＝ワーカホリズム $N=50$		
	モデル1	モデル2	モデル3	モデル4	モデル5	モデル6
看護師歴	0.136**	0.042**	0.146**	0.370**	0.287**	0.381**
$R^2{}_1$	0.018**			0.137**		
コーリング		0.671**	0.602**		0.426**	0.364**
組織的公正		0.309**	0.373**		0.007**	0.065**
$R^2{}_2$		0.597**			0.313**	
$\Delta R^2{}_{(2-1)}$		0.579**			0.175**	
コーリング× 組織的公正			-0.302**			-0.274**
$R^2{}_3$			0.674**			0.376**
$\Delta R^2{}_{(3-2)}$			0.077**			0.063**
adjR^2	-0.002**	0.571**	0.645**	0.119**	0.268**	0.320**

*$p < 0.05$ **$p < 0.01$

（adjR^2）となり、一定のあてはまりのよいことが示された。また、すべての回帰式について独立変数ごとの変動インフレーション因子の値を確認したところ、1.000 ～ 1.206 の範囲内にあり、多重共線性の問題は回避されたとみなすことができる。ワーク・エンゲイジメントについては、コーリングおよび組織的公正が有意な主効果を示した。コーリングと組織的公正との交互作用項が有意性を示し、第2ステップから第3ステップへのR2の増分の有意性が確認された。ワーカホリズムについては、看護師歴およびコーリングに有意な主効果があることが示された。また、コーリングと組織的公正との交互作用項が有意な効果を示すとともに、第2ステップから第3ステップへのR^2の増分の有意性が確認された。

　Aiken and West（1991）の示す方法にもとづく下位検定の結果を図[*38]7.2. および図7.3. に示す。組織的公正低群（－1SD）においてはコーリングよるワーク・エンゲイジメントへの効果、ワーカホリズムへの効果

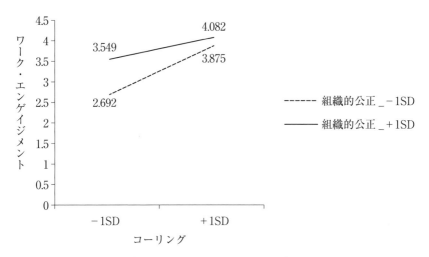

図 7.2. 下位検定の結果（Y＝ワーク・エンゲイジメント）

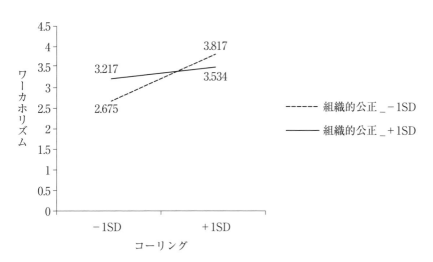

図 7.3. 下位検定の結果（Y＝ワーカホリズム）

ともに高度（$p < 0.01$）に有意であった。組織的公正高群（＋1 SD）においてはコーリングよるワーク・エンゲイジメントへの効果は高度に有意であったものの、ワーカホリズムへの効果は非有意であった。

　仮説を吟味すると以下のとおりとなる。仮説1は支持された。仮説2については、組織的公正を単一の因子として分析がなされたが、支持された。仮説3についても、組織的公正を単一の因子として分析がなされたが、支持された。仮説4は支持された。仮説5については、組織的公正を単一の因子とし、ワーカホリズムを働きすぎのみの因子とした問題はあるものの、支持された。

7.3　考察

　ワーク・エンゲイジメントとワーカホリズムは、概念上「仕事に多くのエネルギーを費やす」「一生懸命に働く」という行動面は共通しており、経験的にも相関関係が見られる。しかしその背後の論理は異なることが一貫して指摘されている（窪田ほか，2014）。モティベーション理論における自己決定理論（Ryan and Deci, 2000）の構成要素[*39]とワーク・エンゲイジメントおよびワーカホリズムとの関連を検討した Van Beek et al.（2012）では、前者は内発的動機づけとの結びつきを示したのにたいし、後者は外発的な動機づけとの結びつきを示した。本章の分析においても、コーリングがワーク・エンゲイジメントおよびワーカホリズムへの直接正の影響を与えることが明らかにされた。しかしながら背後にある論理は異なることが示唆されている。またその相違点については、組織的公正というマネジメント要因の主効果と調整効果を検討することで、より明確に導かれたといえる。

　ワーク・エンゲイジメントを高めるメカニズムについては、職務要求－資源理論を基礎とした仮説が支持された。コーリングは個人資源として、組織的公正は組織／仕事資源として、ワーク・エンゲイジメントを

高める。組織的公正が損なわれた状況ではそれ自体はストレッサとして
職務要求を高めるが、そのような状況になるほど、より高いコーリング
を知覚する看護師が顕著にワーク・エンゲイジメントを高めていた。

　機能強化研修プログラムをつうじては、アンケート調査とともに、訪
問看護ステーション管理者およびスタッフ看護師へのインタビュー調査
も実施された。訪問看護師の多くがもつ仕事への見方のひとつに、「訪
問看護こそ看護の原点」というものがある。ルーティン業務になりがち
な病院看護とは異なり、訪問看護では諸設備など仕事環境面では病院ほ
ど整っていない利用者の自宅が仕事の場となる。そこで継続的に相対の
看護サービスをおこなうことは、看護師の柔軟な判断や創意工夫を刺激
し、大きく内発的に動機づけるものであることが、インタビュー調査か
ら示唆されている。職務要求‐資源理論が示す、ストレスフルな状況に
あっても、自分のもつ資源でそれに対処し、前向きな仕事への姿勢を生
み出す積極的な個人像は、インタビュー調査より示唆された訪問看護師
像およびその仕事観との共通性が非常に高い。

　他方で、ワーカホリズムを高めるメカニズムについては、どうしてそ
れを知覚するのかという点を主たる問題とした。すなわち、コーリング
は勤勉を促進するが、その勤勉について何を基準に働き「すぎて」いる
と訪問看護師が考えているのかということである。本章では衡平理論を
ベースに、それが給与や待遇に比してどうかが基準となっているのでは
ないかと考え、提示した仮説が検証・支持された。なお付加的な作業と
して、組織的公正を外発的報酬との関連がより強いと考えられる分配的
公正の３項目にしぼって、あらためて階層的重回帰分析をおこなった。
その結果、図7.6. に示されるような、公正感が低い（それは、事業所内
の他の看護師との比較によるかもしれないし、それ以外の看護師、さら
にはその他の職業に就くひととの比較によるかもしれないが）ばあい、
コーリングがワーカホリズムにより顕著な正の影響を与える傾向は同様
であった。先行研究が示すように、ワーカホリズムの知覚には、外発的

な報酬が大きくかかわっていることが、本章における分析においても明らかになったといえる。コーリングによる勤勉精勤の促進は、上記で示した内発的な動機づけと外発的な動機づけとの二重過程であると位置づけられるのである。

小括

　訪問看護ステーション管理者は看護師資格を必要とし、管理者は経営管理の基礎を学ぶ研修プログラムなどを受けたうえでその地位に就いている。しかし研修活動やインタビュー調査をつうじて、管理者の多くはその職業的同一性を看護師であることにおいていることがうかがえた。とくに小規模ステーションの管理者は、プレイング・マネジャー的側面が強い。管理者自身が優秀な看護師であることが多い。仕組みに問題があってもそれに手を入れるより、自分が先に動いてしまうという声がたびたび聞かれた。さらに先述したように、訪問看護師は仕事をめぐる状況はきびしいときほど、内的な資源をテコに献身的に仕事に従事する心性を有している。マネジメントの仕組みが確立していないことによる問題があったとしても、それを乗り越える強さをもっているのである。

　しかしながら本章での分析において、評価と報酬の仕組みやその結果の公平性については、それが欠けていることがこのような看護師の強さによって乗り越えられているいっぽうで、コーリングの高い看護師をますます働きすぎの状況に追い込み、疲弊させる要因となりうる2面性が明らかにされた。さらに看護師による「働きすぎ」の知覚が、職務上の貢献と報酬とのバランスに起因していることが示唆された。これは看護師の知覚上の問題であり、客観的な仕事量や報酬量と無関係ではないが、そのとらえられ方がより大きな問題となりうるということである。小規模の事業所であっても、管理者が公正であると考える仕組みというよりも、成員の公正感が得られるような仕組みの確立が強く求められて

いるといえるだろう。

　本章における分析には問題が少なからず存在する。第1に、50とい
う少数サンプルの代表性の問題である。また、ワンショット・サーベイ
における因果関係の解明にも限界がある。さらに、組織的公正および
ワーカホリズムについて、測定尺度の妥当性に問題があった。他方で、
基礎理論にもとづく仮説はおおむね支持され、論理の堅牢性は示唆され
ていることから、上記の問題を解決するさらなる調査研究の実施が求め
られる。

＊36　この研究における職業的同一性は、明確な職業的興味、能力、目標、および価値観と、
　　　自己知覚（self-perception）がキャリア上の役割にむすびつけて意味づけられている
　　　構造、と定義されている。
＊37　本調査については、平成29年度大阪府訪問看護ネットワーク事業訪問看護機能強化
　　　支援プログラム（実施責任者：大阪府立大学大学院看護学研究科中村裕美子・教授（当時））
　　　の一環として実施された。本プログラムは大阪府の支援をうけて実施されている。こ
　　　の調査については、大阪府立大学大学院看護学研究科研究倫理審査委員会の承認を得
　　　て実施されている。
＊38　Ugwu and Onyshi（2017）が下位検定をコーリング高群および低群で比較しおこなっ
　　　ているのにたいし、本研究では組織的公正高群と低群で比較している。これは組織フ
　　　ラストレーションが一意的に職務要求要因であるのにたいし、組織的公正は資源要因
　　　でも要求要因でもあるので、明快な調整効果を導くために比較群を変えたことによる。
＊39　自己決定理論では、行動がまったく自己決定的でない状態と自己決定的である状態
　　　を両極とした軸に、非動機づけ（amotivation）、外発的動機づけ（extrinsic
　　　motivation）、内発的動機づけ（intrinsic motivation）という3つの動機づけプロセス
　　　が布置される。

第 8 章

結論

8.1　発見事実の要約

　本書における経験的分析をつうじた発見事実を要約すると以下のとおりである。第5章では、サービス・リース業企業従業員への調査データをもとに、コーリングが直接、または職務態度を経由して、組織市民行動に影響を与えるメカニズムの検証をおこなった。コーリングのうち目的・社会因子は、直接および職務態度に媒介されて組織市民行動（対人援助および市民道徳）に影響を与えていた。他方で超越因子には、職務態度経由の効果が見出された。職務態度変数間では、職務満足が情緒的コミットメント経由で組織市民行動に影響を与える媒介関係が導かれた。なお上記の関係を一貫して示したのは正規社員のみのグループにおいてである。非正規社員グループにおいては、市民道徳を目的変数としたばあい、コーリング両因子による職務態度への影響、目的・社会因子による目的変数への直接的影響は見られたが、職務態度から目的変数への影響が確認されなかった。

　第6章では、自動車販売職への調査データをもとに、コーリングによる顧客志向および販売志向への影響と、倫理的リーダーシップおよびボトムライン・メンタリティという上司行動によってこれらの影響がいかに調整されるかを検証した。コーリングは顧客志向にも販売志向にも正の影響を与えていた。また上司のボトムライン・メンタリティにもとづく行動が顕著であるとき、コーリングが販売志向により強い正の影響を与えていることが示された。

　第7章では、訪問看護師を対象とした調査データを分析し、コーリングがワーク・エンゲイジメントおよびワーカホリズムそれぞれに与える影響と、組織的公正による調整効果を検証した。コーリングはワーク・エンゲイジメントとワーカホリズムに正の直接効果を有していた。また組織的公正が低いばあい、コーリングはワーク・エンゲイジメントおよ

びワーカホリズムにより強い正の影響を与えることが明らかになった。

8.2　本書研究の理論的・実践的含意

8.2.1　理論的含意

　本研究の理論的含意については、以下のようにまとめられる。第1に、コーリングが職務態度を経由して、組織業績に資する行動を促進する関係が見出されたことである。組織市民行動は、組織レベルの全般的な業績と高い相関（$\gamma_c = 0.43$）を示すことが、Podsakoff（2009）のメタ分析によって明らかになっている（田中，2012）。McClelland（1961）が明らかにしようとした、個人の達成動機の高さが地域や国レベルの経済発展をもたらすという命題のスケールには遠くおよばないが、成員が職業やキャリアに使命的な意味づけをしている組織は栄える、という命題への第一歩が示されたといえる。

　第2は、コーリングによる、道徳的側面をもつ組織内職務行動への影響の両義性である。コーリングは一意的に道徳的な行動志向を高めるわけではなく、それとは対照的な志向をも高めることが本研究において実証的に示された。本研究が着目した道徳自己調整理論は、ひとは道徳的な領域と非道徳的な領域を振り子のように行き来するという考え方をもっている。コーリングはこの振り子を特定の方向に向けるのではなく、振れ幅を大きくするのである。このメカニズムは、グループ・ダイナミクスにおける集団凝集性と集団規範がもたらす帰結に類似している。コーリングは個人や職場のモラルを高める可能性を有しているが、適切なマネジメントが必要であり、そうでなければまったく逆の帰結をもたらしうるということである。

　第3に、コーリングが仕事にたいする好ましい態度（ワーク・エンゲイジメント）を促進するいっぽうで、過剰な仕事（ワーカホリズム）をも促進するという影響の両義性についてである。コーリングが促す勤勉

精勤は、仕事への熱意や活力も、また疲弊につながる働きすぎをももたらすのである。また、とくにワーカホリズムの知覚に組織的公正（分配的公正）とのかかわりがあることが明らかになったことで、コーリングによる外発的動機づけの促進プロセスが存在しうることが示唆された。これは、ウェーバー命題や PWE 研究では前提とされてきたものの、キャリア論におけるコーリング研究においては内発的側面が注目されるあまり、見過ごされてきた問題であろう。

8.2.2　実践的含意

　ここでは、経験的分析と考察をふまえたマネジメントへの実践的含意にふれることにしたい。第 5 章で分析した A 社は、ホスピタルリネン事業からスタートした会社である。地域に根ざしながら、「清潔と快適をクリエイトし社会に貢献します」という経営方針を掲げ、ホテルや病院への寝具・パジャマなどの提供、ホームクリーニング、清掃用品のリースなどを主要事業としている。これらの事業は、社会のおもてで華々しく目立つものではないが、われわれの生活に不可欠な、縁の下の力持ちのような事業である。また、会社のウェブサイトでは、環境への取り組みや障害者雇用の取り組みなどについても言及されている。

　コーリングによる仕事の意味づけは先行研究の示すように、あくまで個人内のプロセスである。しかし、（われわれの誰も選ぶことができない）故郷に根ざした事業や地域への貢献を組織がかかげることが、個人が自分の仕事とのあいだにある自分をこえた力や、人生の目的とのかかわり、社会における自分の仕事の役割を認識する人材を獲得したり、個人によるそのような認識の醸成の助けになる可能性が考えられる。金井（1991）の言に立ち返れば、「優れた組織は、この意味探索のレパートリーが広い」（金井，1991，99 ページ）のである。

　しかしながら、組織が個人にたいして仕事への意味づけや組織の愛着などをうながし、さらには組織のための自発的な役割外行動を促進する

ような働きかけは、個人が自分の職業キャリアを組織内キャリアと重ね合わせられる状況が担保されてこそ可能であるといえるかもしれない。個人が、長くこの組織に貢献することをつうじ、自分のキャリア上の使命も達成されるという見方を好ましい職務態度や職務行動につなげるための組織側の手段として、正規雇用は大きなインパクトを持ちうることが、本章の経験的分析による結果によって示唆されている。

　本研究がコーリングの経営学的研究を自称するのは、コーリングが状況（マネジメント要因）しだいで好ましい個人的・組織的成果をもたらしたり、そうではない成果をもたらしたりするという論理の解明をめざしたからである。しかし今後は個人のもつコーリングの生成や強化に組織や職場、そこにおけるひとびとがどのようにかかわりうるのかが、さらに探られる必要があるだろう。マネジメントが個人のコーリングをいかに高めうるのか、は現状では実証的に手付かずの問題であり、本研究の視点からは今後最優先されるべき研究課題のひとつである。

8.3　本書研究の限界と今後の課題

8.3.1　日本の文脈におけるコーリング概念の定義と操作化

　本研究のもつ第 1 の限界は、日本の文脈におけるコーリング概念を演繹的にも経験的にも厳密に定義しなかった点にある。第 3 章を中心に検討してきたように、コーリング概念の構造については、伝統的なキリスト教圏の国や地域のみならず、非キリスト教圏の国や地域においても、おおむね共通性を有することが実証的に確認されている。また、宗教社会学の見地から、キリスト教を背景としたコーリング概念と、仏教や儒教を背景とした天職概念との共通性を指摘する研究にもふれた（三宅,2016）。しかしながら本研究は、現代日本の仕事人や組織人にとってのコーリングがいかなるものであるのか、詳細な検討をおこなわないまま、暫定的な定義をもとに実証研究を展開した。それゆえに、国際的な

使用実績のある尺度（CVQ）の先験的次元構造が経験的に確認できないなどの問題をもたらした可能性がある。

コーリング概念の独自性のもっとも顕著な根拠であるその超越的側面は、われわれのキャリアにおける選択をめぐるさまざまな制約と表裏一体の概念である（Loder, 2015）。自分自身の意思や選択能力のおよばない領域の存在と、それによる自分のキャリアへの影響を認め、前向きに意味づける答えのひとつが、この超越的側面（自分を超えた導き）に存在する。

われわれが職業を選択し、さまざまなキャリアの節目をくぐるなかで、このような側面を何に認めているのだろうか。家業・故郷、その他の経済的・社会的な職業選択上の制約や、ひととの出会い、経済変動や自然災害、しばしば人災など、仕事やキャリアにおける機会的だが決定的なイベントを「導き」と意味づけるような事例は現代日本の職業人、組織人、学生に存在するのだろうか。また、その意味づけはどのようになされるのであろうか。本研究 3.2.2. でとりあげた先行研究が各国において、就業者およびその準備段階にある学生を対象として実施してきたように、コーリングの概念構造を定性的なアプローチで探索し、定量的な尺度作成にいたるまでが今後の研究に求められる。

超越的な存在のみならず、社会とのつながりなど、コーリングは職業やキャリアにおける精神的な意味づけに焦点をあてた概念である。他方でコーリングには、その基盤となるプロテスタントの仕事倫理がそうであるように、結果としての個人の現実的な利益を排除するわけではないことにも大きな特徴がある。先行研究の検討で明らかにすることを試みたように、コーリングは構成概念としてはいわば聖俗の2面性を有しており、本研究をふくめた近年の実証研究においてもその両義的な影響が検証されている。構成概念としてのコーリングそのものを、このような2面性がより統合されたかたちでどのように再定義しうるか、も今後検討されていく必要がある。

　たとえば、第6章でみた販売職などは、顧客満足に資するという内発的な要因からとともに、販売実績をあげ、競いあいに勝つという外発的な要因からにもコーリングを見出しているかもしれない。外発的要因のみに焦点をあてたコーリングというのは定義として考えにくい。第8章ではコーリングと組織的公正、および外的報酬との潜在的関係についても検証をおこなったが、貢献に見合う報酬が得られるか（公正）のことばかり考えるような職業観はコーリングとはみなされないだろう。とはいえ職業によって内的要因と外発的要因のバランスは変化しうるし、これまでの研究における定義ではその多様性や機微はとらえられない以上、追究されるべき課題のひとつとされよう。

　吟味の余地は尺度の文言など委細にも存在する。本研究で採用したCVQを邦訳した尺度では、職業観やキャリア観としてのコーリングを問うところを意図しているにもかかわらず、目下の職務（仕事）を念頭に回答されかねないという問題が指摘できる。また、超越的召喚の文言については、仕事をめぐる些細な事象にいたるまで自分の思うようにならないようなことが多い、といったあきらめや無力感をともなう職業観とは異質の超越性を測定できているか、という疑問も提示されうる。これらの多義性を廃し、妥当性を高めることも重要な課題としてあげられる。

8.3.2　定量的分析の精緻化と定性的研究の深化

　本研究における定量的分析は、ワンショット・サーベイに依拠しているという問題がある。それ以外にも前項と関連して、次元構造の確証的因子分析や、主要変数のコモンメソッド・バイアスの排除など、最新の水準をクリアするための手続きを充分におこなっていない点が、第2の限界としてあげられる。日本における就業者全般を対象としたコーリングについての研究がほとんどない現在、本研究における経験的分析は少なくとも探索的研究としての意義を有すると筆者は考えているが、概念

自体の厳密な定義を含め、さまざまな属性を対象とした調査と分析に耐えうる手法の確立は喫緊の課題である。そのために、主要概念を高度な妥当性および信頼性をもってとらえうるか、また第6章の限界として論じたように、仮説のよりどころとなる基礎理論の検証がきちんとなされるような調査デザインがなされるかなどが問題となるだろう。近年の欧米および中国で積極的に実施されている複数ウェーブの縦断的研究はそのための有力な手法であると考えられる。

　上述のような問題はあるものの、本研究はコーリングという超越性や精神性を有する概念についての明快なモデル構築を志向し、定量的なアプローチをとってきた。しかしながら先行研究には定量的なアプローチとともに定性的なアプローチも存在し、後者は次元構造などの探索的な手法としてもちいられただけではなく、独自の知見をも導いてきたことも事実である。ライフヒストリーをめぐるコーリング、キャリアの節目（通過儀礼）とコーリングとの関係を記述・分析した研究（Loder, 2005；Cremen, 2016）は、コーリングの長期的な生成や変容のプロセスをとらえるために定性的なアプローチが有用であることを示している。われわれは、どのようなライフイベントをきっかけにコーリングを認識するのだろうか。それはどのようなキャリア上の制約によってもたらされるのだろうか。先行研究では、キャリアにおける制約や困難がコーリングの生成につながることが示唆されているが、仕事にまつわる喜びや感動をともなう積極的な経験によるコーリングの生成については、どのような体系化が可能であるのか。長いキャリアのなかで、ある段階では自分にとってこれこそがコーリングだ、と実感されていても、次の段階ではそのような見方が失われてしまう、などという事例は存在するのだろうか。そのような見方の変化は、そのひとのそれ以降のキャリアに何をもたらすのだろうか。コーリングの精神性や超越性にきちんと向き合いつつ、以上のようなものも含め、さまざまなリサーチ・クエスチョンにこたえる深いデータの収集と記述・分析が有望であると考えられる。

8.3.3　職業主義を超えて

　本書研究における経験的分析は、さまざまな職業人や組織人が存在するなかで、そのごく限られた部分をとりあげたにすぎない。前項の定性的なアプローチの必要性についての指摘が調査の深さにかかわるものだとすれば、あらゆる職業、さまざまな形態の組織成員についてのコーリングを広範に検討することも、今後の有望な調査課題である。経営学的な含意が期待されるリサーチ・クエスチョンとしては、以下のようなものが考えられる。たとえば、企業のトップ・マネジャーや企業家にとってのコーリングを検討した研究はこれまでほとんどなされていない（Beadle, 2013）。この種の職業人のコーリングは管理者行動や企業活動にどのような影響を与えるのだろうか。他方で、降って湧いたようなタイミングで事業承継、後継をすることになったひとは、それを受けいれていくプロセスにおいて、コーリングをどのように生成、変容させるのであろうか。職場や組織のなかで、コーリングの強い成員がいるばあい（たとえば、メンター）、その職業観やキャリア観が、他の成員に（たとえば、プロテジェ）どのような影響を与えるのだろうか。職場の同僚どうしでも、あるひとの職業観やキャリア観が何らかの職務行動を媒介するなりして、他のひとのコーリングに影響を与えるといった事例は存在するのだろうか。これらのすべてが、興味深い問いである。

　コーリングの研究は一貫して、どのような職業もコーリングとなりうるという立場をとってきた。他方で、ある職業がコーリング的であり、別の職業はそうではないというような考え方（職業主義：occupationism）[*40]をきびしく批判してきた（Krumboltz, 1991；Wrezesniewski et al., 1997；岡本ほか, 2006）。本書研究第6章における販売職を対象とした経験的分析においても、コーリングのスコアは一定の高さと分析を示し、その使命的な職業が分析の対象となりうることを示したほか、その分析が両義的な職務行動志向をもたらすことにつながった。すなわち、多様な職業や組織に就くひとのコーリングと他要因

との関連を検証することで、一意的ではない含意を導くことが期待できるということである。今後のコーリング研究も、職業主義、あるいは特定の種類の組織成員の仕事がコーリング的で、別の種類の組織の成員の仕事がコーリング的ではないといった「組織主義」と呼ばれうるものを超えて広範な実証を展開することを強く期待したい。

———————————————

＊40　職業主義とは、ある職業へのメンバーシップをもとに（職業的な）差別をおこなうことと定義される。

参考文献

朝野熙彦・鈴木督久・小島隆矢（2005）．『入門共分散構造分析の実際』講談社.

新井教平・金田直人・齋藤龍・鈴木歩・鈴木麻里子・鈴木優作・千徳春菜・上野山達哉（2015）．「天職にかんする一考察」『商学論集（福島大学経済学会）』83(4)，19-33.

新井将能（2011）．「顧客志向の測定尺度に関するマーケティング研究の系譜と展望:個人レベルの顧客志向を測定する尺度（SOCO 尺度）を中心に」『商学研究科紀要（早稲田大学大学院商学研究科）』73，135-144.

安藤りか（2017）．「大学のキャリア教育科目における『働くことの意味』の検討：テキストの記述を手がかりに」『名古屋学院大学論集 社会科学篇』54(1)，65-80.

石山恒貴（2010）．「組織内専門人材の専門領域コミットメントと越境的能力開発の役割」『イノベーション・マネジメント』8，17-36.

井上彰臣（2010）．「職業性ストレスと組織的公正」『ストレス科学研究』25，7-13.

ウェーバー，M.（1989）．『プロテスタンティズムの倫理と資本主義の精神』大塚久雄訳、岩波文庫（原著1920年）.

上野山達哉（2016）．「プロテスタントの仕事倫理と天職概念の展開：マネジメントおよびプロフェッショナリズムとの関連を中心として」『商学論集（福島大学経済学会）』84(3)，189-204.

上野山達哉(2019)．「コーリングによる職務行動志向への影響の両義性：自動車販売職における定量的分析をもとに」『日本労働研究雑誌』713，77-88.

上野山達哉・北居明・鈴木竜太・松本雄一（2017）．「自動車販売職における天職感による顧客志向・販売志向への影響：職業的使命感と

道徳的職務行動の関係の検証」大阪府立大学大学院経済学研究科
ディスカッションペーパー，2017-4.

大塚久雄（1989）.「訳者解説」ウェーバー，M.『プロテスタンティズ
ムの倫理と資本主義の精神』大塚久雄訳，岩波文庫，373-412.

岡本浩一・堀洋元・鎌田晶子・下村英雄（2006）.『職業的使命感のマネ
ジメント：ノブレス・オブリジェの社会技術』東京：新曜社.

柏木仁（2015）.「キャリア研究におけるコーリングの概念的特徴の明
確化に向けて：コーリングとキャリア関連変数との関係性および
タイプ分け」『経営行動科学』27(3)，209-224.

金井壽宏（1991）.「モティベーション」高柳暁・飯野春樹編『新版経営
学(2)：管理論』有斐閣，85-103.

金井壽宏（2006）.『働くみんなのモティベーション論』NTT 出版.

川上憲人（2012）.『厚生労働省厚生労働科学研究費補助金、労働安全衛
生総合研究事業、労働者のメンタルヘルス不調の第一次予防の浸
透手法に関する調査研究、平成 21-23 年度総合研究報告書』東京
大学.

窪田和巳・島津明人・川上憲人（2014）.「日本人労働者におけるワーカ
ホリズムおよびワーク・エンゲイジメントとリカバリー経験との
関連」『行動医学研究』20(2)，69-76.

阪井万裕・成瀬昂・渡井いずみ・有本梓・村嶋幸代（2012）.「看護師の
ワーク・エンゲージメントに関する文献レビュー」『日本看護学
会誌』32(4)，71-78.

坂柳恒夫（1999）.「成人キャリア成熟尺度（ACMS）の信頼性と妥当性
の検討」『愛知教育大学研究報告』48，115-122.

島津明人（2010）.「職業性ストレスとワーク・エンゲイジメント」『ス
トレス科学研究』25，1-6.

島津明人（2014）.『ワーク・エンゲイジメント：ポジティブ・メンタル
ヘルスで活力ある毎日を』労働調査会.

134

清水裕士（2016）．「フリーの統計分析ソフト HAD：機能の紹介と統計学習・教育、研究実践における利用方法の提案」『メディア・情報・コミュニケーション研究』1，59-73.

杉村芳美（1990）．『脱近代の労働観：人間にとって労働とは何か』ミネルヴァ書房.

鈴木竜太（2002）．『組織と個人：キャリアの発達と組織コミットメントの変化』白桃書房.

砂口文兵（2017）．「学習志向性に対する変革型リーダーシップの影響とそのメカニズムの検討」『経営行動科学』30(2)，83-97.

関口倫紀・林洋一郎（2009）．「組織的構成研究の発展とフェア・マネジメント」『経営行動科学』22(1)，1-12.

竹内洋（1971）．「専門職の社会学」『ソシオロジ』16(3)，45-66.

田中堅一郎（2004）．『従業員が自発的に働く職場をめざすために：組織市民行動と文脈的業績に関する心理学的研究』ナカニシヤ出版。

田中堅一郎（2012）．「日本の職場にとっての組織市民行動」『日本労働研究雑誌』627，14-21.

蔡芒錫（2010）．「雇用形態の多様化と働く動機：雇用形態の多様化研究の統合の試み」『国民経済雑誌』202(1)，23-40.

蔡芒錫（2016）．「非正規従業員と組織からの支援認識」『日本労働研究雑誌』672，40-51.

富澤克美（2011）．『アメリカ労使関係の精神史：階級道徳と経営プロフェッショナリズム』木鐸社.

西田豊昭（1997）．「企業における組織市民行動：企業内における自主的な行動の原因とのその動機」『経営行動科学』11(2)，101-122.

西田豊昭（2000）．「職務満足、組織コミットメント、組織公正性、OCB が職場の有効性に及ぼす影響」『経営行動科学』13(3)，137-158.

林洋一郎（2010）．「組織的公正研究におけるマルチ・レベル・アプロー

チ：集合レベル概念の測定法に注目して」『法政大学キャリアデザイン学部紀要』7，131-140.

平岡紀代美・荒尾雅一・北川豊・中西啓文（2014）.「医師の組織コミットメント・キャリアコミットメント・職務満足に関する実証分析」『商大ビジネスレビュー』3(2)，249-265.

開本浩矢（2006）.「新興プロフェッショナル組織における職務満足・組織コミットメント・成果に関する実証分析」『商大論集』57(3)，1-18.

古田克利（2018）「コーリングから見た大学生活の意味深さの特徴：性別と学年に着目した定量分析」『関西外国語大学研究論集』107，57-74.

三崎秀央（2006）.「組織的公正と組織の価値観に関する一考察」『商学論集（福島大学経済学会）』75(1)，19-35.

三宅章介（2016）.「『天職観』の歴史的変遷過程に関する一考察」『産業教育学研究』46(2)，1-10.

Adams, J. S. (1965). "Inequity in social exchange." In L. Berkowitz, (Ed.), *Advances in Experimental Social Psychology* (Vol. 2). New York : Academic Press, 267-299.

Ahn, J., Dik, B. J. and Hornback, R. (2017). "The experience of career change driven by a sense of calling : An interpretative phenomenological analysis approach." *Journal of Vocational Behavior*, 102, 48-62.

Aiken, L. S., & West, S. G. (1991). *Multiple regression : Testing and interpreting interactions*. Newbury Park, London, UK : Sage.

Allan, B. A. and Duffy R. D. (2014). "Examining moderators of signature strengths use and well-being : calling and signature strength level." *Journal of Happiness Studies*, 15, 323-337.

Altheide, D. L. (1987). "Reflections: Ethnographic content analysis." *Qualitative Sociology*, 10, 65-77.

Amabile, T. M., Hill, K. G, Hennessey, B. A., and Tighe, E. M. (1994). The work preference inventory: Assessing intrinsic and extrinsic motivational orientations. *Journal of Personality and Social Psychology*, 66, 950-967.

Austin, K. L., Allan, B. A., Palaniappan, M. and Duffy, R. D. (2017). "Career calling in India and the United States: A cross-cultural measurement study." *Journal of Career Assessment*, 25(4), 688-702.

Bakker, A. B. and Demerouti, E. (2007) "The Job Demands-Resources model: State of the art." *Journal of Managerial Psychology*, 22, 309-328.

Barnard, C. I. (1938). *The Functions of the Executive*. Cambridge, MA: Harvard University Press. (山本安次郎・田杉競・飯野春樹監訳『新訳 経営者の役割』ダイヤモンド社, 1968 年)

Barnard, C. I. (1958). "Elementary conditions of business morals." *California Management Review*, 1 (1), 1-13. (「ビジネス・モラルの基本的情況」飯野春樹監訳・日本バーナード協会訳『バーナード経営者の哲学』文眞堂, 1987, 232-261)

Bateman, T. S. and Organ, D. W. (1983). "Job satisfaction and the good soldier: The relationship between affect and employee 'citizenship'". *Academy of Management Journal*, 26, 587-595.

Beadle, R. (2013). "Managerial work in a practice-embodying institution: The role of calling, the virtue of constancy." *Journal of Business Ethics*, 113, 679-690.

Bellah, R. N., Madsen, R. W., Sullivan, M., Swidler, A., and Tipton, S. M. (Eds.). (1985). *Habits of the heart : Individualism and commitment in American life*. New York : Harper & Row.（島薗進・中村圭志訳『心の習慣：アメリカ個人主義のゆくえ』みすず書房 , 1991）

Berg, J. M., Grant, A. M. and Johnson, V. (2010). "When callings are calling : Crafting work and leisure in pursuit of unanswered occupational callings." *Organization Science*, 21(5), 973-994.

Beukelaar, B. L. and Buzzanell, P. M. (2015). "Bait and switch or double-edged sword? The (sometimes) failed promises of calling." *Human Relations*, 68(1), 157-178.

Blau, G. J. (1982). "The measurement and prediction of career commitment." *Journal of Occupational and Organizational Psychology*, 58(4), 277-288.

Borges, N. J., Manuel, R. S. and Duffy, R. D. (2013). "Specialty interests and career calling to medicine among first-year medical students." *Perspectives on Medical Education*, 2, 14-17.

Bott, E. M. and Duffy, R. D. (2014). "A two-wave longitudinal study of career calling among undergraduates : Testing for predictors." *Journal of Career Assessment*, 23(2), 250-264.

Brown, M. E., Treviño, L. K. and Harrison, D. (2005). "Ethical leadership : A social learning perspective for construct development and testing." *Organizational Behavior and Human Decision Processes*, 97, 117-134.

Bunderson, J. S. and Thompson, J. A. (2009). "The call of the wild : Zookeepers, callings, and the double-edged sword of deeply meaningful work." *Administrative Science Quarterly*, 54, 32-57.

Cardador, M. T. and Caza, B. B. (2012). "Relational and identity perspectives on healthy versus unhealthy pursuit of callings." *Journal of Career Assessment*, 20(3), 338-353.

Cardador, M. T., Dane, E. and Pratt, M. G. (2011). "Linking calling orientations to organizational attachment via organizational instrumentality." *Journal of Vocational Behavior*, 79, 367-378.

Choi, Y. E., Cho, E., Jung, H. J. and Sohn, Y. W. (2017). "Calling as a predictor of life satisfaction : The roles of psychological capital, work-family enrichment, and boundary management strategy." *Journal of Career Assessment*, DOI : 10.1177/1069072717723092.

Clinton, M. E., Conway, N. and Sturges, M. (2017). "It's tough hanging-up a call' : The relationships between calling and work hours, psychological detachment, sleep quality, and morning vigor." *Journal of Occupational Health Psychology*, 22(1), 28-39.

Creed, P. A., Kjoelaas, S. and Hood, M. (2015). "Testing a goal-orientation model of antecedents to career calling." *Journal of Career Development*, 43, 398-412.

Cremen, S. N. (2018). "Vocation as psyche's call : A depth psychological perspective on the emergence of calling through symptoms at midlife." *International Journal of Education and Vocational Guidance*, DOI : 10.1007/s10775-018-9367-4.

Csikszentmihalyi, M. (1990). *Flow : The Psychology of Optimal Experience*. New York, NY : Harper and Row. (今村浩明訳『フロー体験：喜びの現象学』世界思想社, 1996)

Dalton, J. C. (2001). "Career and calling : Finding a place for the spirit in work and community." *New directions for Student Services*, 95, 18-25.

Davidson, J. C. and Caddell, D. P. (1994). "Religion and the meaning of work." *Journal of the Scientific Study of Religion*, 33(2), 135-147.

Deci E. (1975). *Intrinsic Motivation*. New York, NY : Plenum Press. (安

藤延男・石田梅男訳『内発的動機づけ：実験社会心理学アプロー
チ』誠信書房, 1980)

Dik, B. J. and Duffy, R. D.（2009）. "Calling and vocation at work :
definitions and prospects for research and practice." *Counseling
Psychologist*, 37（3）, 424-450

Dik, B. J., Eldridge, B. M., Stege, M. F. and Duffy, R. D.（2012）.
"Development and validation of the calling and vocation
questionnaire（CVQ）and brief calling scale（BCS）." *Journal of
Career Assessment*, 20(3), 242.263.

Dobrow, S. R. and Tosti-Kharas, J.（2011）. "Calling : The development
of a scale measure." *Personnel Psychology*, 64, 1001-1049.

Dobrow, S. R. and Tosti-Kharas, J.（2012）. "Listen to your heart?
Calling and receptivity to career advice." *Journal of Career
Assessment*, 20(3), 264-280.

Domene, J. F.（2012）. "Calling and career outcome expectations : The
mediating role of self-efficacy." *Journal of Career Assessment*,
20(3), 281-292.

Douglass, R. P. and Duffy, R. D.（2015）. "Calling and career
adaptability among undergraduate students." *Journal of
Vocational Behavior*, 86, 58-65.

Duffy, R. D., Allan, B. A., Autin, K. L. and Bott, E. M.（2012a）. "Calling
and life satisfaction : It's not having it, it's about living it."
Journal of Counseling Psychology, 60(1), 42-52. [*41]

Duffy, R. D., Allan, B. A., Autin, K. L. and Douglass, R. P.（2014a）.
"Living a calling and work well-being : A longitudinal study."
Journal of Counseling Psychology, 61(4), 605-615.

Duffy, R. D., Allan, B. A. and Bott, E. M.（2011）. "Calling and life
satisfaction among undergraduate students : Investigating

mediators and moderators." *Journal of Happiness Studies*, 13, 469-479.

Duffy, R. D., Allan., B. A., Bott, E. M. and Dik B. J. (2014b). "Does the source of a calling matter? External summons, destiny and perfect fit." *Journal of Career Assessment*, 22(4), 562-574.

Duffy, R. D. and Autin, K. L. (2013). "Disentangling the link between perceiving a calling and living a calling." *Journal of Counseling Psychology*, 60(2), 219-227.

Duffy, R. D., Autin, K. L. and Douglass, R. P. (2016a). "Examining how aspects of vocational privilege relate to living a calling." *Journal of Positive Psychology*, 11(4), 416-427.

Duffy, R. D., Autin, K. L., England, J. W., Douglass R. P. and Gensmer, N. P. (2018). "Examining the effects of contextual variables on living a calling over time." *Journal of Vocational Behavior*, 107, 141-152.

Duffy, R. D., Bott, E. M., Allan, B. A. and Autin, K. L. (2015). "Calling among the unemployed: Examining prevalence and links to coping with job loss." *Journal of Positive Psychology*, 10(4), 332-345.

Duffy, R. D., Bott, E. M., Allan, B. A., Torrey, C. L. and Dik, B. J. (2012b). "Perceiving a calling, living a calling, and job satisfaction: Testing a moderated, multiple mediator model." *Journal of Counseling Psychology*, 59(1), 50-59.

Duffy, R. D. and Dik, B. J. (2013). "Research on calling: What have we learned and where are we going?" *Journal of Vocational Behavior*, 83, 428-436.

Duffy, R. D., Dik, B. J. and Steger, M. F. (2011). "Calling and work-related outcomes: Career commitment as a mediator." *Journal of Vocational Behavior*, 78, 210‑218.

Duffy, R. D., Douglass, R. P., Austin, K. L., England, J. and Dik, B. J. (2016b). "Does the dark side of a calling exist? Examining potential negative effects." *Journal of Positive Psychology*, 11 (6), 634‑646.

Duffy, R. D., England, J. W., Douglass, R. P., Austin, K. L. and Allan, B. A. (2017a). "Perceiving a calling and well‑being: Motivation and access to opportunity as moderators." *Journal of Vocational Behavior*, 98, 127‑137.

Duffy, R. D. and Sedlacek, W. E. (2007). "The presence of and search for calling: Connections to career development." *Journal of Vocational Behavior*, 70, 590‑601.

Duffy, R. D. and Sedlacek, W. E. (2010). "The salience of career calling among college students: exploring group differences and links to religiousness, life meaning, and life satisfaction," *The Career Development Quarterly*, 59, 27‑41.

Duffy, R. D., Torrey C. L., England, J. and Tebbe E. A. (2017b). "Calling in retirement: A mixed methods study." *Journal of Positive Psychology*, 12(4), 399‑413.

Dumulescu, D., Opre, A. and Ramona, B. (2015). "'Is your career meaningful?' Exploring career calling on a Romanian students sample." *Procedia ‑ Social and Behavioral Sciences*, 187, 553‑558.

Elangovan, A. R., Pinder, C. C. and McLean, M. (2010). "Callings and organizational behavior." *Journal of Organizational Behavior*, 76, 428‑440.

England, G. W. and Misumi, J. (1986). "Work centrality in Japan and the United States." *Journal of Cross‑Cultural Psychology*, 17(4),

399-416.

Fitzsimons, G. m. and Shah, J. Y. (2008). "How goal instrumentality shapes relationship evaluations." *Journal of Personality and Social Psychology*, 95(2), 319-337.

Folger, R. and Konovsky, M. A. (1989). "Effects of procedural and distributive justice on reactions to pay raise decisions." *Academy of Management Journal*, 32(1), 115-130.

Furnham, A. (1984). "The protestant work ethic : A review of the psychological literature." *European Journal of Social Psychology*, 14, 87-104.

Gaza, M. W. and Spector, P. E. (2015). "A comparison of individuals with unanswered callings to those with no calling at all." *Journal of Vocational Behavior*, 91, 1-10.

Giacalone, R. A. and Jurkiewic, C. L. (2003). "The Science of Workplace Spirituality." in Giacalone, R. A. and Jurkiewicz, C. L. (Eds.), *The Handbook of Workplace Spirituality and Organizational Performance*. Armonk, NY : M.E. Sharpe, 3-26.

Goodin, J. B., Duffy, R. D., Borges, N. J., Ulman, C. A., D'brot, V. M. and Manuel, R. S. (2014). "Medical students with low self-efficacy bolsters by calling to medical speciality." *Perspectives on Medical Education*, 3, 89-100.

Greenbaum R. L., Mawritz, M. B. and Eissa, G. (2012). "Bottom-line mentality as an antecedent of social undermining and the moderating roles of core self-evaluations and conscientiousness". *Journal of Applied Psychology*, 97(2), 343-359.

Greenhaus, J. H. (1971). "An investigation of the role of career salience in vocational behavior." *Journal of Vocational Behavior*,

1(3), 209-216.

Hagmaier, T. and Abele, A. E. (2012). "The multidimensionality of calling : Conceptualization, measurement and bicultural perspective." *Journal of Vocational Behavior*, 81, 39-51.

Harzer, C. and Ruch, W. (2016). "Your strength are calling : Preliminary results of a web-based strengths intervention to increase calling." *Journal of Happiness Studies*, 17, 2237-2256.

Hall, D. T. and Chandler, D. E. (2005). "Psychological success : When the career is a calling." *Journal of Organizational Behavior*, 26, 155-176.

Hall, R. H. (1968). "Professionalization and bureaucratization." *American Sociological Review*, 33(1), 92-104.

Hannah, S. T., Avolio, B. J. & May, D. R. (2010). "Moral maturation and moral conation : A capacity approach to explaining moral thought and action." *Academy of Management Review*, 36(4), 663-685.

Hassan, A. and Jabari, I. H. A. A. (2010)." Organisational justice and employee work engagement : LMX as mediator." *Journal of International Business and Entrepreneurship Development*, 5 (2), 167-178.

Hernandez, E. F., Foley, P. F. and Beitin, B. K. (2011). "Hearing the call : A phenomenological study of religion in career choice." *Journal of Career Development*, 38(1), 62-88.

Harzer, C. and Ruch, W. (2012). "When the job is calling : The role of applying one's signature strength at work. " *Journal of Positive Psychology*, 7(5), 362-371.

Hinkle, D. N. (1965). *The Change of Personal Constructs from the Viewpoint of a Theory of Construct Implications.* Unpublished

PhD dissertation, Ohio State University.

Hirschi, A. (2011). "Callings in career : A typological approach to essential and optional components." *Journal of Vocational Behavior*, 79, 60-73.

Hirschi, A. (2012). "Callings and work engagement : Moderated mediation model of work meaningfulness, occupational identity, and occupational self-efficacy." *Journal of Counselling Psychology*, 59(3), 479-485.

Hirschi, A. and Herrmann, A. (2012). "Vocational identity achievement as a mediator of presence of calling and life satisfaction." *Journal of Career Assessment*, 20(3), 309-321.

Hirschi, A. and Herrmann, A. (2013). "Calling and career preparation : Investigating developmental patterns and temporal precedence." *Journal of Vocational Behavior*, 83, 51-60.

Hirschi, A., Keller, A. G. and Spurk, D. M. (2018). "Living one's calling : Job resources as a link between having and living a calling." *Journal of Vocational Behavior*, 106, 1-10.

Howe, V., Hoffman, K. D. and Hardigree, D. W. (1994). "The relationship between ethical and customer-oriented service provider behaviors," *Journal of Business Ethics*, 13, 497-506.

Hunter, I., Dik, B. J. and Banning, J. H. (2010). "College students' perceptions of calling in work and life : A qualitative analysis." *Journal of Vocational Behavior*, 76, 178-186.

Iacobucchi, D. (2010). "Structural equations modelling : Fit Indices, sample size, and advanced topics. " *Journal of Consumer Psychology*, 20, 90-98.

Jones, H. B. Jr. (1997). "The Protestant ethic : Weber's model and the empirical literature." *Human Relations*, 50(7), 757-778.

Jurkiewicz, C. L. and Giacalone, R. A. (2004). "A values framework for measuring the impact of workplace spirituality on organizational performance." *Journal of Business Ethics*, 49(2), 129-142.

Kahn, W.A. (1990). "Psychological conditions of personal engagement and disengagement at work." *Academy of Management Journal*, 33, 692-724.

Keller, A. C., Spurk, D., Baumeler, F. and Hirschi, A. (2016). "Competitive climate and workaholism : Negative sides of future orientation and calling." *Personality and Individual Differences*, 96, 122-126.

Kim, H. J., Praskove, A. and Lee, K. (2017). "Cross-cultural validation of the career calling scale for Korean emerging adults." *Journal of Career Assessment*, 25(3), 434-449.

Kim, W. C. and Mauborgne, R. A. (1993). "Procedural justice, attitudes, and subsidiary top management compliance with multinationals' corporate strategic decisions". *Academy of Management Journal*, 36, 502-526.

Krumboltz, J. D. (1992). " The dangers of occupationism." *Counseling Psychologist*, 20(3), 511-518.

Krumboltz, J. D. (2009). " The happenstance learning theory." *Journal of Career Assessment*, 17(2), 135-154.

Krumboltz, J. D. and Levin, A. S. (2004). *Luck is no accident.* CA : Impact Publishers. (花田光世・大木紀子・宮地夕紀子訳『その幸運は偶然ではないんです！』ダイヤモンド社, 2005)

Lan, G., Okechuku, C., Zhang, H. and Cao, J. (2013). "Impact of job satisfaction and personal values on the work orientation of Chinese accounting practitioners." *Journal of Business Ethics*,

112, 627-640.

Lawler, E. E., & Hall, D. T. (1970). "Relationship of job characteristics to job involvement, satisfaction, and intrinsic motivation." *Journal of Applied Psychology*, 54(4), 305-312.

Lazar, A., Littman-Ocadia, H. and Acadia, T. (2018). "Medicine as a calling among male and female medical students in Israel; Does it make difference?" *International Journal of Education and Vocational Guidance*, DOI : 10.1007/s10775-018-9361-x.

Lin, S. J., Ma, J. and Johnson, R. E. (2016). "When ethical leader behavior breaks bad : How ethical leader behavior can turn abusive via ego depletion and moral licensing". *Journal of Applied Psychology*, 101(6), 815-830.

Lobene, E. V. and Meade, A. W. (2013). "The effects of career calling and perceived over qualification on work outcomes for primary and secondary school teachers." *Journal of Career development*, 40(6), 508-530.

Loder, T. L. (2005). "On deferred dreams, callings, and revolving doors of opportunity : African-American women's reflections on becoming principals." *Urban Review*, 37(3), 243-265.

Lysova, E. I., Jansen, P. G. W., Khapova, S. N., Plomp., J. and Tims, M. (2018). "Examining calling as a double-edged sword for employability. "*Journal of Vocational Behavior*, 104, 261-272.

Maslow, A. (1970). *Motivation and Personality* (*2nd Ed.*) . New York, NY :Harper & Row. (小口忠彦訳『人間性の心理学』産業能率短期大学出版部, 1971)

McClelland, D. C. (1961). *The Achieving Society*. Princeton, NJ : D. Van Nostrand Company. (林保監訳『達成動機』産業能率短期大学出版部, 1971)

McKelvey, B. and Sekaran, U. (1977). "Toward a career-based theory of job involvement : A study of scientists and engineers." *Administrative Science Quarterly*, 22, 281-305.

Metcalfe, H. C. & Urwick, L. F. Eds. (1941). *Dynamic Administration : The Collected Papers of Mary Parker Follet.* New York, NY : Harper and Brothers. (米田清貴・三戸公訳『組織行動の原理：動態的管理［新装版］』未来社, 1997)

Mitchell, K. E., Levin, A. S., & Krumboltz, J. D. (1999). "Planned happenstance : Constructing unexpected career opportunities." *Journal of Counseling & Development*, 77(2), 115-124.

Mirels, H. L. & Garrett, J. B. (1971). "The Protestant ethic as a personality variable." *Journal of Consulting and Clinical Psychology*, 36(1), 40-44.

Morrow, P. (1993). *The Theory and Measurement of Work Commitment.* Greenwich, CT : JAI Press,

Nath, V. (2017). "Calling orientations of junior doctors and medical interns in India : Cultural, occupational and relational perspectives." *International Journal of Education and Vocational Guidance*, 17, 143-163.

Neubert, M. J. and Halbesleben, K. (2015). "Called to commitment : An examination of relationships between spiritual calling, job satisfaction and organizational commitment." *Journal of Business Ethics*, 132, 859-872.

Oates, W. (1971). *Confessions of a Workaholic : The Facts about Work Addiction.* New York, NY : World Publishing Co. (小堀用一朗訳『ワーカホリック：働き中毒患者の告白』日本生産性本部, 1972)

Oates, K. L. M., Hall, M. E. L. and Anderson, T. L. (2005). "Calling and conflict : A qualitative exploration of interrole conflict and the sanctification of work in christian mothers in academia." *Journal of Psychology and Technology*, 33(3), 210-223.

Organ, D. W., Podsakoff, P. M. and MacKenzie, S. B. (2006). *Organizational Citizenship Behavior : Its Nature, Antecedents and Consequences.* Thousand Oaks, CA : Sage Publications. (上田泰訳『組織市民行動』白桃書房、2007 年)

Özer, Ö.,Uğurluoğlu, Ö. and Sallıygılı, M. (2017). "Effect of organizational justice on work engagement in healthcare sector of Turkey." *Journal of Health Management*, 19(1), 1-11.

Park, J., Sohn, Y. W. and Ha, Y. J. (2015). "South Korean salespersons' calling, job performance, and organizational citizenship behavior : The mediating role of occupational self-efficacy." *Journal of Career Assessment*, 24(3), 415-428.

Pickerell, D. (2013). *Examining the career engagement of Canadian career development practitioners.* (Unpublished PhD dissertation) Fielding Graduate University, Santa Barbara, CA.

Podsakoff, P. M., Mackenzie, S. B., Moorman, R. H. and Fetter, R. (1990). "Transformational leader behaviors and their effects on followers' trust in leader, satisfaction, and organizational citizenship behaviors", *Leadership Quarterly*, 1, 107-142.

Podsakoff, N. P., Whiting, S. W., Podsakoff, P. M. and Blume, B. D. (2009). "Individual- and organizational-level consequences of organizational citizenship behaviors : A meta-analysis." *Journal of Applied Psychology*, 94, 122-141.

Prasetio, A, P, Yuniarsih, T. and Ahman, E. (2017). "Job satisfaction, organizational commitment, and organizational citizenship behaviour in state-owned banking". *Universal Journal of Management*, 5(1), 32-38.

Praslova, A., Hood, M. and Creed, P. A. (2014). "Testing a calling model of psychological career success in Australian young adults : A longitudinal study." *Journal of Vocational Behavior*, 85, 125-135.

Pratt, M. G. and Ashforth, B. E. (2003). "Fostering Meaningfulness in Working and at Work". InCameron, K. S., Dutton, J. E. and Quinn, R. E. (Eds.), *Positive Organizational Scholarship*, San Francisco, CA : Berrett-Koehler Publishers, 309-327.

Rawat, A. and Nadavulakere, S. (2015). "Examining the outcomes of having a calling : does context matter?" *Journal of Business Psychology*, 30, 499-512.

Riesman, D. (1960). *The Lonely Crowd : A Study of the Changing American Character*. New Haven, CT : Yale University Press. (加藤秀俊訳『孤独な群集』みすず書房, 1965)

Rodriguez, O., Mesurado, B. and Creeps, R. F. (2017). "Calling. Making the world a better place from within multinational corporations." *Current Psychology*, DOI : 10.1007/s12144-017-9658-9.

Ryan, R. M. and Deci, E. L. (2000). "Self-determination theory and the facilitation of intrinsic motivation, social development, and well-being." *American Psychologyist*, 52, 141-166.

Ryan, R. M. and Deci, E. L. (2001). "On happiness and human potentials : A review of research on hedonic and eudaemonic well-being." *Annual Review of Psychology*, 55(1), 68-78.

Salanova, M., Lorente, M., Chambel, M. J. and Martinez, I. M. (2011) "Linking transformational leadership to nurses' extra-role performance : the mediating role of self-efficacy and work engagement." *Journal of Advanced Nursing*, 67 (10), 2256-2266.

Savickas, M. L. (1997). "Career adaptability : An integrative construct for life-span, life-space theory." *The Career Development Quarterly*, 45, 247-259.

Saxe, R. and Weitz, B. A. (1982). "The SOCO scale : A measure of the customer orientation of salespeople". *Journal of Marketing Research*, 19(3), 343-351.

Schaufeli, W. B. and Bakker, A. B. (2004). "Job demands, job resources and their relationship with burnout and engagement : A multi-sample study." *Journal of Organizational Behavior*, 25, 293-315.

Schaufeli, W. B., Shimazu, A. and Taris, T. W. (2009). "Being driven to work excessively hard : The evaluation of a two-factor measure of workaholism in the Netherlands and Japan." *Cross-Cultural Research*, 43(4), 320-348.

Schaufeli, W. B., Taris, T. W. and Rhenen, W. V. (2007). "Workaholism, burnout, and work engagement : Three of a kind or three different kinds of employee well-being?" *Applied Psychology*, 57 (2), 173-203.

Schwartz, S. (1992). "Universals in the Content and Structure of Values." In M. Zanna, (Ed.) *Advances in Experimental Social Psychology*, Academic Press, 25, 1-66.

Schwepkwer, C. H. Jr. and Good, D. J. (2011). "Moral judgment and its impact on business-to-business sales performance and customer relationships". *Journal of Business Ethics*, 98, 609-625.

Schwepkwer, C. H. Jr. and Ingram, T. N. (2016). "Ethical leadership in the salesforce : effects on salesperson customer orientation, commitment to customer value and job stress". *Journal of Business & Industrial Marketing*, 31, 914-927.

Seco, V. and Lopes, M. P. (2013). "Calling for authentic leadership : The moderator role of calling on the relationship between authentic leadership and work engagement." *Open Journal of Leadership*, 2(4), 95-102.

Seligman, M. E. P. (2002). *Authentic happiness : Using the New Positive Psychology to Realize Your Potential for Lasting Fulfillment.* New York, NY : Free Press.

Shehan, C. L., Wiggins, M. and Cody-Rydzewski, S. (2007). "Responding to and retreating from the call : Career salience, work satisfaction and depression among clergywomen." *Pastoral Psychology*, 55, 637-643.

Shin, J. Y., Steger, M. F. and Lee, K. (2014). "Major incongruence and career development among American and South Korean college students." *Journal of Career Assessment, 22*(3), 433-450.

Steger, M. F., Pickering, N. K., Shin, J. Y. and Dik, B. J. (2010). "Calling in work : Secular or sacred?" *Journal of Career Assessment, 18* (1), 82-96.

Super, D. E. (1984). "Career and life development." In Brown D. and Brooks, L. (Eds.) *Career Choice and Development* (1st Ed.). San Francisco, CA : Jossey-Bass, pp. 192-234.

Taylor, F. W. (1911). *The Principles of Scientific Management* New York, NY : Harper and Brothers, (上野陽一郎編訳『科学的管理法』産業能率短期大学出版部, 1969)

Thomas, R. W., Soutar, G. N. and Ryan, M. M. (2001), "The selling orientation-customer orientation (S.O.C.O.) scale : A proposed short form." *Journal of Personal Selling and Sales Management*, 11(1), 63-69.

Torrey, C. L. and Duffy, R. D. (2012). "Calling and well-being among adults : Differential relations by employment status." *Journal of Career Assessment*, 20(4), 415-425.

Ugwu, F. O. and Onoishi, I. E. (2018). "Linking perceived organizational frustration to work engagement : The moderating roles of sense of calling and psychological meaningfulness." *Journal of Career Assessment*, 26(2), 220-239.

Van Beek I., Hu Q., Schaufeli W. B., Taris, T. W. and Schreurs, B. H. J. (2012). "For fun, love, or money : What drives workaholic, engaged, and burned-out employees at work?" *Applied Psychology*, 61(1), 30-55.

Van Maanen, J. (1979) "The fact of fiction in organizational ethnography." *Administrative Science Quarterly*, 24, 539-550.

Viseu, J., Rus, C. L. and de Jesus, S. N. (2015). "How do organizational justice and health influence teachers' work engagement? : The mediating role of positive psychological capital and job satisfaction." *The European Health Psychologist*, 17(4), 165-173.

Williams, L. J. and Anderson, S. E. (1991). "Job satisfaction and organizational commitment as predictors of organizational citizenship and in-role behaviors" *Journal of Management*, 17 (3), 601-617.

Wolfe, D. M. (1988). "Is there integrity in the bottom line : Managing obstacles to executive integrity". In S. Srivastva (Ed.), *Executive Integrity : The Search for High Human Values in Organizational Life*. San Francisco, CA : Jossey-Bass, pp. 140-171.

Wren, D. A. (1994). *The Evolution of Management Thought* (*4th Ed.*) . New York, NY : John Wiley & Sons. (佐々木恒男監訳『マネジメント思想の進化』文眞堂, 2003)

Wrzesniewski, A., McCauley, C., Robin, P. and Schwartz, B. (1997). "Jobs, careers, and callings : People's relations to their work." *Journal of Research in Personality*, 31, 21-33.

Xie, B., Xia, M., Xin, X. and Zhou W. (2016). "Linking calling to work engagement and subjective career success : The perspective of career construction theory." *Journal of Vocational Behavior*, 94, 70-78.

Xie, B., Zhou, W., Huang, J. L. and Xia, M. (2017). "Using goal facilitation theory to explain the relationships between calling and organization-directed citizenship behavior and job satisfaction." *Journal of Vocational Behavior*, 100, 78-87.

Xu, H. and Tracey, T. J. G. (2017). "Career decision ambiguity tolerance and its relations with adherence to the RIASEC structure and calling." *Journal of Career Assessment*, 25(4), 715-730.

Zhang, C., Hermann, A., Hirschi, A., Wei, J. and Zhang J. (2015). "Assessing calling in Chinese college students : Development of a measure and its relation to hope." *Journal of Career Assessment*, 23(4), 582-596.

Zhang, C., Hirschi, A., Dik, B. J., Wei, J. and You, X. (2018). "Reciprocal relation between authenticity and calling among Chinese university students : A latent change score approach." *Journal of Vocational Behavior*, 107, 222-232.

Zhang, C., Hirschi, A., Herrmann, A., Wei, J. and Zhang J. (2017). "The future work self and calling : The meditational role of life meaning." *Journal of Happiness Studies*, 18, 977-991.

Zhong, C.-B., Liljenquist, K., & Cain, D. M. (2009). "Morral self-regulation : Licensing & Compensation". In D. De Cremer (Ed.),

Psychological Perspectives on Ethical Behavior and Decision Making. Charlotte, NC : Information Age Publishing, pp. 75-89.

＊41　以下、西暦に ab を付した文献があるのは、Duffy et al.（西暦）と本文中で表記する場合の混同を避けるためである。

付録　コーリングの経験的研究リスト

著者（出版年）	研究目的（RQ）/枠組み/基礎理論など	アプローチ	対象（特記なしはアメリカ）	主要な発見事実
Ahn et al. (2017)	コーリングの感覚とキャリア変更過程との関連	定性、解釈学的現象学的分析（IPA）	キャリアを変更した職業人（$N=8$）	コーリングに影響されたキャリア変更は満足をもたらす傾向。コーリングが充足の源泉、公共善への奉仕の手段、巡り合わせへの精神的な信念をもたらすもの、アイデンティティの重要な一部として位置づけられている。コーリング主導のキャリア変更は利他的動機、内発的動機にもとづく
Allan and Duffy (2014)	ポジティブ心理学にもとづく個人の強み（signature strengths）およびその活用が生活満足に与える影響へのコーリングの調整効果	定量	学生（$N=350$）	生活全般の満足へは、強みの活用とコーリング相乗効果として機能、学生生活への満足へは、学問的強みの活用とコーリングが相補的に機能
Autin et al. (2017)	アメリカとインドでのコーリング尺度（CVQ、BCS、LCS）の異文化間での妥当性検証	定量	アメリカ人（$N=336$）およびインド人（$N=327$）	両国サンプル間で尺度の次元構造には共通性が見られた。異文化間での妥当性は支持されなかった
Beadle (2013)	組織の美徳理論にもとづく「恒常の美徳」とコーリングとの関係	定性	イギリスの巡業サーカスのオーナーおよび監督（$N=6$）	悪化する業界の状況にもかかわらず事業を維持する管理者において、恒常の美徳とコーリングという2つの道徳概念が強く結びついている

著者 （出版年）	研究目的（RQ）/ 枠組み / 基礎理論など	アプローチ	対象（特記 なしはアメ リカ）	主要な発見事実
Berg et al. (2010)	コーリングがありながらそれに就けていない（片想いのコーリング）ひとの仕事と余暇におけるクラフティング	定性	ステージ１：教育職（$N=$ 20）、ステージ２：被雇用者（$N=29$）	片思いのコーリングはジョブクラフティングを動機づける、ジョブクラフティングを通じて片思いのコーリングの追求ができないばあい、レジャークラフティングテクニックがよりもちいられる
Borges et al. (2013)	医学１年生のコーリング（存在・探索）と専門性の興味	定量	医学１年生（$N=574$）	コーリングの探索と比較して存在の中央値が高い
Bott and Duffy (2015)	学生のコーリングの予測因の探索	定量、6か月、2波	学生（1波 $N=443$、2波 $N=140$）	第１時点での生活の意味づけ、個人的成長が第２時点でのコーリングに影響
Bunderson and Thompson (2009)	コーリングのもつ諸刃の剣メカニズムの解明	定性および定量	23 名の動物飼育員（定性）、157 動物園の 982 名の飼育員（定量）	超越的存在による影響を認める（新古典的）コーリングは職業的同一性を高め、仕事の有意味感や職業の重要性に影響する。他方でコーリングは道徳的義務感を高め、犠牲心や組織における義務感の知覚に影響する
Cardador et al. (2011)	役割投資理論と目標促進理論にもとづく、コーリング志向性と組織への愛着・離職意思との関連	定量	看護師・医師・医療助手（$N=364$）	コーリング志向性は、組織が自分の個人的・職業的な目標達成にどれだけ役立つかという組織手段性を媒介して愛着や離職意思に影響
Choi et al. (2017)	コーリングと生活満足との関係への仕事—生活マネジメント要員のかかわり、心理的資本	定量	韓国海軍の既婚兵士（$N=195$）	コーリングは仕事—生活の充実を経由して生活満足に影響。仕事と生活とを峻別する戦略群において、コーリングが仕事—生活の充実に顕著な正のインパクト（相乗的な調整効果）

著者 （出版年）	研究目的（RQ）/ 枠組み / 基礎理論など	アプローチ	対象（特記 なしはアメ リカ）	主要な発見事実
Clinton et al. (2017)	コーリングへの集中（calling intensity）が仕事経験からの回復を制限するメカニズム。職務要求 - 資源理論	定量	イギリスの牧師（$N=193$）	コーリングへの集中は、日々の労働時間と朝の活力に正の影響、夕刻の仕事からの心理的距離（psychological detachment）に負の影響、心理的距離の低さは夜の睡眠の質を経由して朝の活力を低めるという両義的メカニズム
Creed et al. (2015)	目標志向性理論（同化と調節）にもとづくコーリング先行要因の探索	定量	大学1年生（$N=213$）	同化志向がキャリアへのエンゲイジメントを経由し、調整志向がキャリアへのディスエンゲイジメントを経由して、コーリングに影響
Cremen (2018)	ユング心理学にもとづく中年期におけるコーリングの出現過程の分析	定性	コーリングをもつ中年期成人（$N=11$）	中年期の危機におけるコーリングは、イニシエーションの過程と並行して暗黒、中断、混乱の特徴を持つ事象をつうじてあらわれる
Davidson and Caddell (1994)	社会的交換にもとづく特性（人口統計学的・社会的属性）およびシンボリック相互作用にもとづく特性（信仰、信念など）による仕事観（ジョブ、キャリア、コーリング）への影響	定量	プロテスタントおよびカトリック信仰者（$N=1,869$）	2つの判別関数（社会的交換およびシンボリック相互作用に対応）ともに高い領域でコーリング群が構成されていた。関数1と高相関であったのは教育水準。関数2と高相関であったのは、社会的正義の信念、信仰の重要さ、宗教的参加。

著者 （出版年）	研究目的（RQ）/ 枠組み / 基礎理論など	アプローチ	対象（特記 なしはアメ リカ）	主要な発見事実
Dobrow and Tosti-Kharas (2012)	コーリングとキャリア・アドバイスへの感受性との関連、自己証明理論	定量	アマチュア音楽家（$N=450$）7年間、4波。経営学部生とMBA生（$N=131$）	音楽がコーリングだとみなしているひとは、音楽をあきらめるべきだという助言を、たとえ信頼できるメンターからであっても受け入れない傾向（視野狭窄）が一貫して持続する。経営学生対象のクロスセクショナル分析でも同様の結果
Domne (2012)	コーリング、キャリア成果の見積もり（career outcome expectations）、および自己効力感との関係、社会認知的キャリア理論	定量	カナダの大学1・2年生（$N=855$）	自己効力感がコーリングの下位次元のうち目的のある仕事とキャリア成果の見積もりとの因果を部分媒介、目的のある仕事の探索と超越的召喚の存在とキャリア成果の見積もりとの関係を全部媒介
Douglass and Duffy (2015)	キャリア構築理論にもとづくコーリングとキャリア・アダプタビリティとの関連	定量	大学生（$N=330$）	コーリングとキャリア決定自己効力感（CDSE）との関連を、キャリア・アダプタビリティの構成要素（好奇心と自信）が媒介
Duffy and Autin (2013)	コーリングの知覚とコーリングに就いているという実感（living a calling）の峻別と両者の関係の解明	定量	就業者（$N=542$）	高収入群、高学歴群のコーリングの知覚が高い。コーリングの知覚による、コーリングに就いているという実感(living a calling)への影響に、仕事の意思作用(work volition)と知覚された組織のサポートが媒介
Duffy and Sedlacek (2007)	コーリングの存在あるいは探索によるキャリア決定性への影響	定量	大学1年生（$N=3,091$）	コーリングの存在はキャリア決定性（career decidedness）およびキャリア選択への安心感（career choice comfort）に強い正のインパクト。コーリングの探索はキャリア決定性の構成要素と負の相関

著者 （出版年）	研究目的（RQ）/ 枠組み / 基礎理論など	アプローチ	対象（特記 なしはアメ リカ）	主要な発見事実
Duffy et al. (2011)	コーリングと仕事 関連成果との関連	定量	研究大学勤務 者（$N=370$）	コーリングがキャリア・コ ミットメントを部分媒介して 組織コミットメント、離職意 思、職務満足に影響
Duffy et al. (2012a)	学生におけるコー リングと生活満 足、媒介・調整要 因の探索	定量	大学生 （$N=472$）	中核的自己評価に負の調整効 果、生活の意味づけと大学生 活への満足がコーリングと生 活満足との関係に媒介
Duffy et al. (2012b)	コーリングの知覚 とコーリングに就 いているという実 感（living a calling）が職務満 足にどのようにつ ながるか	定量、オンラ インサーベイ	就業者 （$N=201$）	コーリングの知覚は、キャリ ア・コミットメントと仕事の 意味づけを媒介して職務満足 に影響。コーリングに就いて いるという実感が媒介を相乗 的に調整
Duffy et al. (2013)	コーリングの知覚 とコーリングに就 いているという実 感（living a calling）のいず れが生活満足に影 響するか	定量	就業者 （$N=553$）	コーリングの知覚はコーリン グに就いているという実感に 媒介されて生活満足に影響。 媒介後のパスには生活の意味 づけ、仕事の意味づけ、キャ リア・コミットメント、職務 満足が関与
Duffy et al. (2014a)	コーリングに就い ているという実感 （living a calling） と仕事上のウェル ビーイングとの継 時的相互影響	定量、1年、 3波	就業者（1波 $N=645$、2 波 $N=182$、 3波 $N=260$）	キャリア・コミットメントお よび仕事の意味づけは、時点 間でコーリングに就いている という実感と相互に影響、職 務満足はコーリングに就いて いるという実感に時点間で弱 い影響
Duffy et al. (2014b)	コーリングの源泉 （超越的召喚、運 命、完全適合）に よる職務満足・生 活満足との関係	定量	従業員 （$N=200$）	運命を源泉としたばあいの み、他の源泉と比較してより 顕著にコーリングと生活満足 とが正の相関（運命に有意な 調整効果）

著者 (出版年)	研究目的（RQ）/ 枠組み / 基礎理論など	アプローチ	対象（特記 なしはアメ リカ）	主要な発見事実
Duffy et al. (2015)	非自発的失業者における コーリングの機能	定量	(1) インターネットベースの成人（N=1,320）、(2) 非自発的失業者（N=144）	非自発的失業者は就業者同様にコーリングを知覚しているが、コーリングに就けているという実感が低い。非自発的失業者におけるコーリングの知覚はコーリングへの動機づけを経由して失業への対処行動に正の影響を与えている
Duffy et al. (2016a)	職業的特権（vocational previlege）によるコーリングに就いているという実感への影響	定量	被雇用成人（N=361）	職業的特権のうち社会的階級が、仕事の意思作用（work volition）、さらに仕事の意味づけまたはキャリア・コミットメントを経由して、コーリングに就いているという実感に影響
Duffy et al. (2016b)	コーリングのダークサイド（バーンアウト、ワーカホリズム、搾取）による潜在的影響の探索	定量	(1) 被雇用成人（N=351）、(2) 被雇用成人（N=362）	(1) コーリングの知覚は、生活満足に直接には負の影響（ダークサイドの存在の示唆）。(2) バーンアウトおよび搾取は、職務満足にたいするコーリングに就いているという実感と相補的な調整効果
Duffy et al. (2017a)	コーリングの知覚による生活満足への影響の調整要因の探索。自己決定理論、仕事の心理学理論（PWT）	定量	人種・雇用形態・階級横断的な成人（N=746）	生活の意味づけ、コーリングに就いてているという実感という媒介要因へのコーリングの知覚による効果を調整していたのは、コーリングへの動機づけと収入であった

著者 (出版年)	研究目的（RQ）/ 枠組み / 基礎理論など	アプローチ	対象（特記 なしはアメ リカ）	主要な発見事実
Duffy et al. (2017b)	引退者にとっての コーリング	定性および定 量	引退者 ($N = 196$)	8割弱の対象者がコーリング を知覚している。他者の援 助、家族のケア、自己への投 資がコーリングと結びつけら れている。2割強の対象者が コーリングに就いていると実 感していない。コーリングの 知覚はコーリングに就いてい るという実感や生活の意味づ けを経由して生活満足に影響 している
Duffy et al. (2018)	仕事の心理学理論 (PWT) にもとづ き、コーリングに 就けているという 実感に影響する文 脈的要因を継時的 に探索	定量、6ヶ月 3波	職業横断的な 就業者、3波 のサンプルは それぞれ $N = 601$、 $N = 578$、 $N = 273$	前時点での仕事への意志作用 (work violition) が後時点で のコーリングに就いていると いう実感に影響。仕事への意 志作用には、前時点での社会 的地位が影響。同一変数につ いては時点間で一貫した影響
Dumulescu et al. (2015)	ルーマニアの大学 生がもつコリング	定量	大学生 ($N = 497$)	対象者の約半数がコーリング を認識している。女性、神学 部生においてコーリング志向 が強い
Gaza and Spector (2015)	コーリングがあり ながらそれに就け ていない（片想い のコーリング）ひ ととコーリングの ないひととの仕事 上、生活上、健康 上の成果の比較。 自己決定理論	定量	大学研究教育 職（ファカル ティ・メン バー、 $N = 378$）	片想いのコーリングのひと は、コーリングに就けている （両想い）ひとやコーリング のないひとと比較して身体 的・心理的に有意に不健康な 傾向。コーリングは両想いに ならないと害となってしまう
Goodin et al. (2014)	医学生における専 門性へのコミット メントにたいする 自己効力感とコー リングの代替的効 果	定量	医学生 ($N = 152$)	コーリングが自己効力感によ る専門性へのコミットメント への影響について相補的な調 整効果

162

著者 (出版年)	研究目的（RQ)/ 枠組み / 基礎理論など	アプローチ	対象（特記 なしはアメ リカ）	主要な発見事実
Harzer and Ruck (2016)	ポジティブ心理学にもとづく個人の強み（signature strengths）の活用をうながす介入がコーリングに与える影響	定量、9ヶ月の介入プログラム	ドイツ語を話す就業者（実験群 $N=83$、統制群 $N=69$）	ウェブベースの介入後の6か月間実験群のコーリングと生活満足は一般して向上、統制群は大きな変化なし
Hernandez et al. (2011)	宗教心や精神性にもとづくコーリングをもつひとのキャリア選択をめぐるテーマの抽出	定性、合議制質的研究法	コーリングをもつカトリックの就業者 ($N=7$)	(1)（神との）相互の結びつき、(2)信仰への疑問、(3)召命であるかどうかの苦悩、(4)カトリック信仰への回帰、(5)苦闘中における祈りや相談をつうじたサポート、(6)喜びと疑問の複雑な感情、(7)家族への影響、が抽出された
Hirschi (2011)	コーリングの本質的・付加的構成要素の探索	定量	ドイツの大学生（$N=407$）	コーリングの本質的要素はキャリア決定性、自己内省、キャリア・エンゲイジメント、キャリア・コンフィデンス
Hirschi (2012)	コーリングとワーク・エンゲイジメントとの関係と媒介要因、媒介調整要因	定量	ドイツの職業横断的な従業員（$N=529$）	仕事の有意味性、職業的同一性、職業的自己効力感の間接効果が有意、個人 - 職業適合による媒介調整効果は見出されず
Hirchi et al. (2018)	コーリングを知覚するひとが、仕事や職場の何を資源としてコーリングに就けていると実感できるか	定量	ドイツの就業者（$N=232$）	コーリングの知覚とコーリングに就けているという感覚との関係に、職務特性のうち自律性とタスク重要性が媒介

著者 (出版年)	研究目的（RQ）/ 枠組み / 基礎理論など	アプローチ	対象（特記 なしはアメ リカ）	主要な発見事実
Hirschi and Herrmann (2012)	職業的同一性達成 (vocational identity achievement) に よるコーリングの 存在と生活満足と の関係への媒介効 果	定量、6か 月、2波	ドイツの大学 生（N=269）	中核的自己評価を統制しても 媒介モデルが支持された。し かし先行研究と異なり、コー リングの存在による生活満足 への直接の影響は見られな かった
Hirschi and Herrmann (2013)	コーリングとキャ リア準備度(計画・ 決定性・自己効力 感)の継時的な相 互影響	定量	ドイツの大学 生 （N=846、入 れ替えありの 3波の延べ）	交差的時間差パス解析の結 果、コーリングとキャリア準 備度のすべての構成要素との 間で少なくとも1つ以上時系 列での相互影響が存在（18 パス中6パスが有意）
Hirchi et al.（2018）	コーリングを知覚 するひとが、仕事 や職場の何を資源 としてコーリング に就けていると実 感できるか	定量	ドイツの就業 者（N=232）	コーリングの知覚とコーリン グに就けているという感覚と の関係に、職務特性のうち自 律性とタスク重要性が媒介
Hunter et al.（2010）	コーリング構成要 素の探索	定性	学生 （N=295）	コーリングの構成要素は、導 く力、個人の適合とユーダイ モニックな幸福感、利他主 義、と定義される
Keller et al.（2016）	職場の競争的風土 とワーカホリズム との関係へのコー リングの調整効果	定量	ドイツのジェ ンダー・教育 ビジネス企業 従業員 （N=812）	コーリングが高いばあい、競 争的な風土はより顕著にワーカ ホリズムに正の影響を与える
Kim et al. (2016)	韓国の前期成人を 対象としたコーリ ング尺度の開発	定量	［尺度開発］ 韓国の成人前 期成人 （N=152）、 ［検証］韓国 の成人前期成 人（N=260）	韓国版コーリング尺度は、他 者志向の意味付け、積極的な 従事、個人的な意味づけの3 次元構造、CVQと比較して もキャリア決定性やキャリア 成熟へのインパクトが高い

著者 （出版年）	研究目的（RQ）/ 枠組み / 基礎理論など	アプローチ	対象（特記 なしはアメ リカ）	主要な発見事実
Lan et al. (2013)	職務満足および仕事価値観と仕事への志向性（ジョブ、キャリア、コーリング）との関連	定量	中国大都市の会計実務者 （$N=370$）	コーリング志向を従属変数としたモデルでは現職への満足度、慈善的価値観、雇用期間が正のインパクト
Lazer et al. (2018)	イスラエル医学生のコーリングとキャリア要因の男女差	定量	イスラエルの医学生 （$N=176$）	コーリングがキャリア確実性、キャリア満足、キャリア・コミットメント、ウェルビーイングと有意に相関、性別による調整効果があり。全般的に女性においてコーリングがその他の変数に高いインパクト
Lobene and Meade (2013)	知覚された過剰技能（perceived overqualification: POQ）と仕事成果との関係へのコーリングによる媒介、相対的剥奪理論	定量	小・中学校教師（$N=170$）	高コーリング群は全般的に継続的コミットメントが低く、パフォーマンスが高い。低コーリング群において、POQ は継続的コミットメントに負のインパクト、パフォーマンスに正のインパクト。高コーリング群ではこれらのインパクトが緩和されている
Loder (2005)	ライフコースの視点からの、校長職にいたるキャリアの内省的記述の分析	定性	アフリカ系アメリカ人女性 （$N=20$）	公民権運動以前の世代の回答者は、教育職のキャリアを「遅延された夢（の実現）」から「コーリング」の充足への過程として述べていた。社会的障壁や自己選択のなさが長期的にコーリング観の醸成につながったという示唆

著者 (出版年)	研究目的（RQ）/ 枠組み / 基礎理論など	アプローチ	対象（特記 なしはアメ リカ）	主要な発見事実
Lysova et al. (2018)	コーリングとエンプロイアビリティとの関連、自己調整理論	定量	(1) オランダの大学の同窓生 ($N=582$)、 (2) オランダの大学生 ($N=650$)	コーリングはプロアクティブ・プロフェッショナル・ディベロップメントを経由してエンプロイアビリティを高めるが、他方でキャリアの不撓性（career inflexibility）を経由してエンプロイアビリティを低める（諸刃の剣）
Nath (2017)	インドの文脈におけるコーリング志向の描写	定性	インドの若年医師およびインターン ($N=72$)	コーリング観の形成に家族間でのコミュニケーションが強く影響。コーリング観には世代継承性と家庭の伝統が関連
Neubert and Halbesleben (2015)	精神的コーリング、職務満足、組織コミットメントの関連	定量	成人 ($N=771$)	職務満足が高いばあい、精神的コーリングはより顕著に組織コミットメントに正のインパクトを与える
Oates et al. (2005)	役割間葛藤（仕事と家庭）への対処資源としてのコーリング	定性	学界に所属するクリスチャンの母親 ($N=32$)	コーリングが多様な役割におけるタスクや目標への強いコミットメントを生み、多様な役割を共に果たすことを促進し、多様な役割を果たすことに目的を持たせる
Praslova et al. (2014)	Hall and Chandler (2005) の心理的キャリア・サクセスモデルにもとづくコーリングの後続要因	定量、2波	オーストラリアの前成人期者（$N=216$）	前時点でのコーリングが、あと時点での仕事努力、キャリア戦略、生活の意味づけ、キャリア・アダプタビリティに正のインパクト
Rawat and Nadavlakere (2015)	仕事の自由裁量および参加型意思決定によるコーリングと仕事成果との関係への調整効果	定量	保育所職員 ($N=298$)	仕事の自由裁量が高いばあい、コーリングは文脈的業績の向上、感情消耗の低減に顕著に影響、参加型意思決定の程度が高いばあい、コーリングは組織コミットメントおよび文脈的業績の向上に顕著に影響

166

著者 (出版年)	研究目的（RQ）/ 枠組み / 基礎理論など	アプローチ	対象（特記 なしはアメ リカ）	主要な発見事実
Rodriguez et al. (2017)	3 つの仕事観におけるコーリングのフロー経験と社会との結びつきの知覚	定量	多国籍企業の南米地区従業員（N=472）	コーリング群はジョブ群やキャリア群と比較して、フローの構成要素（没入、楽しみ、動機づけ）および社会との結びつきについておおむね顕著に高い
Seco and Lopes (2013)	オーセンティック・リーダーシップとワーク・エンゲイジメントとの関係へのコーリングの調整効果	定量	ポルトガルの教員（N=326）	コーリングが正の交互作用効果（下位検定は未実施）
Shin et al. (2013)	専攻の不一致とコーリングおよび意味のある仕事との関連、自己決定理論	定量	米（N=301）韓（N=200）の大学生	キャリアの希望と専攻との不一致は、コーリングや意味のある仕事に直接負の影響を与えると同時に、キャリア決定自己効力感を媒介する間接的影響も存在する
Steger et al. (2010)	コーリングと生活上、仕事上の成果との関係に内的宗教性が媒介するか	定量	大学生（N=242）	コーリングと成果変数との関係には内的宗教性ではなく、意味づけの経験が媒介
Torrey and Duffy (2012)	非自発的失業者のコーリングと生活満足との関係、中核的自己評価による媒介	定量	非自発的失業者、就業者および自発的失業者（N=194）	非自発的失業者におけるコーリングは生活満足への有意な直接効果を示さず、中核的自己評価による媒介効果を示す。就業者および自発的失業者については直接効果、媒介効果ともに有意
Ugwu and Onyishi (2018)	組織フラストレーションによるワーク・エンゲイジメントへの影響へのコーリングの調整効果、職務要求－資源理論	定量	ナイジェリアの小学～高校教諭（N=207）	高コーリング群では組織フラストレーションがワーク・エンゲイジメントに顕著な正のインパクト

著者 (出版年)	研究目的（RQ）/ 枠組み / 基礎理論など	アプローチ	対象（特記 なしはアメ リカ）	主要な発見事実
Wrezesnie wski et al. (1997)	Bellah et al. (1985) における 3 つ の 仕 事 観 （ジョブ・キャリ ア・コーリング）	定量	職業横断的な 職業人 ($N=135$)	3 つの仕事観にサンプルが おおむね均等に分布、コーリ ング群は収入・学歴・職業的 威信が高かった
Xie et al. (2016)	コーリングがキャ リア・アダプタビ リティを媒介して ワーク・エンゲイ ジメントやキャリ ア満足度に影響を 与える。キャリア 構築理論	定量、時間差 技法	中国の大企業 の正規従業員 ($N=832$)	キャリア・アダプタビリティ の部分媒介が認められた
Xie et al. (2017)	コーリングによる 組 織 市 民 行 動 （OCB-O）と職務 満足への影響と組 織手段性による媒 介。目標促進理論	定量、時間差 技法	中国の 1 社の 従業員 ($N=322$)	組織手段性がコーリング →OCB-O の因果を全部媒 介、コーリング→職務満足の 因果を部分媒介
Xu and Tracey (2017)	コーリングの存在 および探索による キャリア決定曖昧 さ 耐 性（CDTA） の構成要素への影 響	定量	大学生 ($N=248$)	コーリングの存在は CDTA の構成要素：自信に影響、 コーリングの探索は CDTA の構成要素：嫌悪（曖昧さに 不安を覚えそれ回避する傾 向）に影響
Zhang et al.（2015）	中国版コーリング 尺度の開発と従属 変 数 へ の 希 望 (hope)の媒介効 果	定量	［尺度開発］ 中国の大学生 ($N=788$)、 ［妥当性検証］ 中国の大学生 ($N=387$)、 ［仮説検証］ 中国の大学職 員 $N=500$	中国版コーリングは利他主 義、導く力、意味づけと目的、 の 3 次元構造。コーリングに よる、生活の意味づけ、生活 満足、キャリア決定への影響 を希望が媒介

著者 （出版年）	研究目的（RQ）/ 枠組み / 基礎理論など	アプローチ	対象（特記 なしはアメ リカ）	主要な発見事実
Zhang et al.（2017）	未来の仕事自己（future work self）による継時的なコーリングへの影響	定量、1年、3波	中国の大学生（$N=690$）	未来の仕事自己が継時的に生活満足を経由してコーリングへ影響
Zhang et al.（2018）	潜在変化モデルによるコーリングと本来感（authenticity）の継時的相互影響の探索	定量、1年、3波	中国の大学生（$N=459$）	本来感の構成要素のうち本来の生活（authentic living）が一貫してコーリングと相互に継時的変化へ正の影響

著者紹介

上野山　達哉 (うえのやま　たつや)

大阪公立大学大学院経営学研究科教授。博士（経済学）。1971年和歌山県生まれ。京都大学経済学部卒業、神戸大学大学院経営学研究科博士課程後期課程退学。福島大学経済経営学類准教授、大阪府立大学大学院経済学研究科准教授などを経て現職。専門は経営管理論、組織行動論、キャリア発達論。著書に『マネジメント講義ノート』（共編著・白桃書房）、『経営学ファーストステップ』（共著・八千代出版）、『日本のキャリア研究：専門技能とキャリア・デザイン』（分担執筆・白桃書房）、『ベーシックプラス組織行動論』（分担執筆・中央経済社）などがある。

OMUP

大阪公立大学出版会（OMUP）とは
　本出版会は、大阪の5公立大学－大阪市立大学、大阪府立大学、大阪女子大学、大阪府立看護大学、大阪府立看護大学医療技術短期大学部－の教授を中心に2001年に設立された大阪公立大学共同出版会を母体としています。2005年に大阪府立の4大学が統合されたことにより、公立大学は大阪府立大学と大阪市立大学のみになり、2022年にその両大学が統合され、大阪公立大学となりました。これを機に、本出版会は大阪公立大学出版会（Osaka Metropolitan University Press「略称：OMUP」）と名称を改め、現在に至っています。なお、本出版会は、2006年から特定非営利活動法人（NPO）として活動しています。

About Osaka Metropolitan University Press(OMUP)
　Osaka Metropolitan University Press was originally named Osaka Municipal Universities Press and was founded in 2001 by professors from Osaka City University, Osaka Prefecture University, Osaka Women's University, Osaka Prefectural College of Nursing, and Osaka Prefectural Medical Technology College. Four of these universities later merged in 2005, and a further merger with Osaka City University in 2022 resulted in the newly-established Osaka Metropolitan University. On this occasion, Osaka Municipal Universities Press was renamed to Osaka Metropolitan University Press (OMUP). OMUP has been recognized as a Non-Profit Organization(NPO)since 2006.

コーリングのマネジメント

使命感をもつ人材をどのように活かすか

2024年3月20日　初版第1刷発行

著　者　　上野山　達哉
発行者　　八木　孝司
発行所　　大阪公立大学出版会（OMUP）
　　　　　〒599-8531 大阪府堺市中区学園町1-1
　　　　　大阪公立大学内
　　　　　TEL　072(251)6553　FAX　072(254)9539
印刷所　　株式会社太洋社